雲南文庫

学术名家文丛

云南文库

学术名家文丛

颜思久学术文选

颜思久　著

雲南大學出版社
雲南人民出版社

作者简介

颜思久，1929年生，四川人。1951年至1955年6月在西南民族学院工作，选为成都市人民代表。1955年考入云南大学历史系学习，毕业后分配到云南省历史研究所工作。1984年调到云南社会科学院宗教研究所任副所长，兼任民族理论会理事、地方志学会理事。出版专著有《布朗族民族公社和农村公社研究》（中国社会科学出版社出版）、《布朗族简史》、《傣族简史》（合著）、《宗教论稿》（合著，任主编）、《云南省志·宗教志》（合著，任主编）；由云南省历史研究所主编的《云南少数民族》一书中的布朗族、布依族、佤族、克木人由我撰写；《云南概况》一书中的“少数民族简介”由我撰写，以上七项著作由云南人民出版社出版。发表论文30多篇，分别在北京、四川、云南的学术刊物上发表。

总　序

中共云南省委书记 李纪恒

“盖文章，经国之大业，不朽之盛事。”一部承载责任与使命的好作品，必将是一部千古不朽的立言典范，也必将是一部历久弥新的传世教科书。千百年来特别是明代以来，许多贤人君子和名人大家在广袤的云岭大地耕耘、思考和写作，留下了闪光的足迹和丰厚的作品，足以飨及后进，启迪晚辈。在搜集、遴选和整理云南明代以来学术大家、学术名家著作的基础上，由云南宣传部门牵头推出了《云南文库》，这一丛书的面世诚为云南学术研究和出版界之盛事。

编纂《云南文库》是传承云南地域文明、提高云南文化自觉的有益尝试。“七彩云南”这片神奇的土地孕育了对中国乃至世界文明都有重要影响的古人类，造就了云南文化的丰厚积淀，从而构成了博大精深的云南文化艺术宝库。作为中华文化圈、印度文化圈和东南亚文化圈的交汇地，云南自古以来都不缺乏学贯中西的大师和博古通今的大家，从来都不缺乏魅力四射的光辉著作和壮美奇绝的文化遗存。其中，许多学术作品都凝聚了深邃的思想和超凡的智慧，体现了鲜明的地域特色和民族特色，彰显了有云南自身特点的知识谱系和学术传统。今天，我们将历史长河中的明珠拾起，用心记载云南学术史上的灿烂篇章，正是为了守护云南优秀的地域文化，为了汲取进一步繁荣发展云南哲学社会科学的养分和动力，进而筑牢云南文化自信的根基。

编纂《云南文库》是树立云南文化品牌、增强云南文化影响力的重要举措。云南文化是中华文化的有机组成部分，其悠久的历史文化、多彩的民族文化、独特的生态文化、包容的宗教文化，已经成为文化百花园中一枝流光溢彩、香飘四海的奇葩。千百年来，云南学者中英奇瑰伟之士以及众多寓居云南的外省学者念兹在兹，深植于云南沃土，扎根于传统文化，不懈探索、勤奋撰述，留下了一批经得住历史和实践检验的珍贵成果。特别是抗战时期，随着西南联合大学和相关研究机构的到来，昆明一时风云际会，云集了大批我国现代学术史上开宗立派的学术大师和著名专家，云南成为当时中国学术中心之一，诞生了大批学术经典。新中国成立后，云南学术研究取得很大进展，研究队伍空前壮大，学科建设卓有成效，学术成果日益丰硕，推出了一批享誉国内外的学术精品。近年来，《云南史料丛刊》《云南丛书》等一批历史文献和地方文献丛书相继刊印，云南文化的影响力和竞争力不断增强。今天，我们隆重推出《云南文库》，就是要为更多的人了解云南、熟悉云南、研究云南搭建一个平台和载体，为云南的经济社会发展、文化建设、文史学术研究等提供有益的历史借鉴，为在更广领域传播云南文化、打造云南品牌、增强云南软实力创造更好条件。

编纂《云南文库》是保障人民群众的基本文化权益的有效途径。文化建设的根本就是要用健康高雅的艺术、用智慧明辨的思想、用善良温厚的德行启迪人、引导人。编纂《云南文库》一个重要目的是丰富人民群众的精神文化生活、增进人民群众的幸福感。此次收入《云南文库》的著作，涉及哲学、历史、文学、语言、艺术、民族、宗教、政治、军事、外交等诸多方面，包含着丰富的自然、社会和人生哲理知识，体现了高度的人文关怀。阅读这些著作，有助于培育读者自尊自信、理性平和、积极向上的心态，有助于引导人们去发现、享用、珍惜世界和人生之美，能使大众的精神世界得以滋养和美化、人格得以陶冶和熏陶、心灵得以安顿和抚慰、情感得以丰富和升华，从而更好地满足人民群众多层次、多方面、多样性的审美需求。

编纂《云南文库》是推动云南跨越发展的必然要求。云南早在1996年就提出了建设“民族文化大省”的目标，是全国最早提出建设民族文化大省的省份之一。2000年，我省正式确立了“建设绿色经济强省、民族文化大省和中国连接东南亚南亚的国际大通道”的三大目标，把文化事业和文化产业的发展纳入了全省经济社会发展战略的范畴。2009年召开的中共云南省委八届八次全委会，作出了把云南建设成为“绿色经济强省、民族文化强省、中国面向西南开放的桥头堡”的重大决策，把云南文化建设推向了一个新的阶段。2011年11月，云南省第九次党代会进一步明确了科学发展、和谐发展、跨越发展的发展主题，要求更加自觉、更加主动地推动文化大发展大繁荣。当前，云南人民正豪情满怀地沿着建设民族文化强省的道路阔步前行，具有云南特色的文化模式已经也必将进一步焕发动人而耀眼的光芒。我们将以打造《云南文库》等一批社科品牌和文化精品为契机，继承优良传统，发挥优势，突出特色，以面向现代化、面向世界、面向未来的宏大眼光，锐意进取，积极开展学术研究，努力创造出无愧于时代、无愧于人民、无愧于历史的优秀学术成果和文化产品，更好地弘扬以高远、开放、包容的高原情怀和坚定、担当、务实的大山品质为主要内容的云南精神。

《云南文库》最终得以发行，首先是众位先贤心血和智慧的结晶。在此，我们要对创造了云南学术精品并因此而为中华文化做出杰出贡献的学者们表示崇高的敬意！在《云南文库》的编纂过程中，相关编纂单位、出版单位和参加整理的学者，以高度的责任感和使命感，兢兢业业地做好编校和出版工作，正是有了他们的辛勤劳动和精心工作，才有如今的翰墨流芳。在此，我要诚恳地道一声，大家辛苦了！《云南文库》从构想走向现实，离不开众多读者和社会各界人士的支持，我也一并向你们表示诚挚的谢意！同时，衷心希望同志们一如既往地为云南文化建设献智献策，欢迎更多的同仁志士参与到云南文化建设的伟大事业中来！

谨为序。

自　　序

我撰写的《滇南民族宗教论集》（颜思久学术文选）将与读者见面了。此时此刻，首先要感谢我的母校云南大学的老师们的谆谆教导。大学毕业后，我分配到云南民族研究所，后转云南历史研究所工作，得到侯方岳所长、莫扬副所长的指导。为了编写《布朗族简史》，于1980年2月至1981年1月去到勐海县巴达区、布朗山区和澜沧县糯福区进行调查研究，并分别写出详细的调查报告。1982年4～5月又到勐腊、景洪两县调查克木人，并写出克木人论述1篇，同年12月又到罗平县调查布依族，随后写出布依族论述1篇，均发表在1983年由云南人民出版社出版的《云南少数民族》一书中。1984年，我调到云南省社会科学院宗教研究所任副所长并主持工作。为了编写《云南省志·宗教志》，我先后到西双版纳州各县、德宏州各县以及澜沧、孟连、景谷等县进行南传上座部佛教调查，得到州、县、区各级领导和群众的大力支持，并派出得力的翻译人员予以帮助，使调查研究工作顺利完成。后来，在《云南省志·宗教志》编写过程中，还得到省宗教局领导同志的竭力支持，使《云南省志·宗教志》得以在1995年出版。

这本《滇南民族宗教论集》汇集了我多年撰写的11篇文章。此论集的出版，还得到云南省社会科学院领导的支持，在此深表感谢。

目　录
Contents

布朗族的母系制及其演变探溯

布朗族分布在祖国云南省的西南部边疆，共计 52 000 多人。其中有 25 000余人主要聚居在西双版纳傣族自治州勐海县的边缘山区，景洪县和勐腊县也有少数分布；其余 27 000 多人则分散聚居在临沧专区各县和思茅专区的澜沧、墨江两县。解放前，住在各地的布朗人，由于所处的历史条件、自然环境不同，社会发展很不平衡。大体说来，居住在临沧专区各县和墨江县的布朗族基本上已经发展到地主经济，而居住在西双版纳山区的布朗族还处在原始社会末期向阶级社会过渡的农村公社阶段。在农村公社内部，还保留有较多的氏族公社的内容。本文拟就解放前布朗族的母系制及其向父系制过渡问题提出粗浅的看法，不当之处，请读者指教。

一、母系氏族公社

氏族制社会是世界各民族普遍经历过的原始社会初期的一个历史发展阶段。氏族是具有血缘联系的、有着共同的经济生活和社会组织生活的亲属集团。每个这样的亲属集团即是一个氏族公社，而以年长的富有生产、生活经验的长者领导，同时又以不同的氏族名称相区别。氏族公社又分为母系氏族公社和父系氏族公社两个前后衔接的阶段。

布朗族的母系氏族公社早已解体，但仍留下很多痕迹，凭着这些痕迹，可以看出母系氏族公社时期的大体轮廓。父系氏族公社则相去还不甚远，丰富而生动的内容存在于农村公社的组织生活中。我们探讨布朗人的母系制及其向父系制的过渡，或许有助于对人类古代社会的了解。

为了解布朗族母系氏族公社的由来，有必要对氏族制以前人们的生产、生活情况先作扼要的叙述。在唐宋以前，居住在澜沧江以西的布朗族先民——“扑子蛮”的生产和生活状况仍然十分落后，当时无论男女都主要从事狩猎。据樊绰《蛮书》记载：“扑子蛮，勇敢矫捷……善用白箕竹弓，深林间射飞鼠，发无不中……无食器，以芭蕉叶藉之……”又《新蛮书·南蛮传》记载：“其西（按指澜沧江以西）有扑子蛮，矫悍……善用竹弓，入林射飞鼠，无不中。”由于这种原始狩猎的生产方式，决定了当时人们生活的游移不定，而生产方式的极端落后又决定了人们思维活动处于蒙昧状态，也就不可能有血缘和辈分等观念的存在，因之反映在男女性生活方面乃是一种“随宜野会”① 的杂乱婚。后来这种杂乱婚逐渐发展到排除了父母的一群兄弟姐妹间互为夫妻的血缘婚，从而也就产生了家庭的雏形——血缘家庭。血缘婚在古代社会的确存在过。布朗族中流传着不少有关的故事传说，著名的如《岩布林戛、伊梯林戛》就是叙述世上有两个似人非人的动物相配之后生下八男八女，这八男八女随后相配，又生下一些孩子。感到人还不够，又用泥巴捏成人形放在野外，很快变成了人，这些人就是布朗族的祖先。而且，这种血缘婚的残迹，在现代布朗人的氏族部落中仍有不少例证。如在澜沧县糯福区布朗族中，凡堂兄弟姐妹、从兄弟姐妹间普遍可以通婚；又如在勐海县巴达区的曼瓦和帕勒一带，也有同氏族的两代以外的兄弟姐妹间通婚的事例。

从文献资料看来，元代以后，在“扑人”内部出现了一次重要的社会分工，即妇女逐渐从狩猎生产转向以采集植物和捕捉水生动物为主的活动。从前妇女是狩猎中的一支重要力量，而这时她们已开拓了新的生产领域，采集已逐渐成为人们生产活动中的一项重要内容。据李京《云南志略》“蒲蛮风土记”记载：“蒲蛮一名扑子蛮，在澜沧江以西，性勇健……持木弓以御强暴，不事农亩，入山林采草木及动物而食，食无器皿，以芭蕉叶借之。”迄于明代，这部分“蒲蛮”继续过着采集和狩猎生活。如景泰《云南图经志书》卷六“永昌府”记载：“蒲蛮……居澜沧江以西者，性勇健，髻插弩箭，兵不离身，以采猎为务。”我们从解放前很多布

① 《太平御览》卷七百九十一引“永昌郡”载：“男女长，各随宜野会，无有嫁娶……”

朗族妇女每年仍以相当多时间从事采集的情况推断，元明时期的“蒲蛮”妇女以采集为主，似无疑问。而且她们除采集植物之外，凡“见土蜂、蛇虺、虾蟆、蜻蜓、蜘蛛、蝼蚁、水虫，无不食之”①。

值得注意的是，妇女在采集实践中发现了一种珍贵的植物颗粒——谷子。后来开始用人工培植旱稻，这就是布朗族原始农业的开端。布朗山有一则关于谷子来源的传说故事，反映了妇女确是旱稻种植的发明者。故事记述，很早以前有个妇女名叫牙枯索，身怀有孕，行走不便。当时人间尚无谷种，只有牙枯索有谷种。一天，因牙枯索未将谷仓盖好，谷子便主动从屋里滚到谷仓，把谷仓装得满满的……牙枯索怒打谷子，谷子四散逃走，滚到没有人住的地方去，从此人们才知道种谷子。故事把谷种的事首先与妇女联系起来并不是偶然的。

由于采集，特别是旱稻的发现及栽培的成功，不仅大大充实了人们的物质生活，而且妇女的社会地位也随之上升，男子的地位相对地不如女子。因为这时妇女既有照料儿童的职责，还要从事捕捉动物、采集野生植物及栽种旱稻等劳动，在社会生产生活中起着特别重要的作用。这就给布朗族母系制的形成创造了决定性的条件。

从婚姻关系方面去考察，人们在生活实践中逐渐意识到血缘婚的各种危害，从而产生了一种排除近亲成员间互相通婚的婚姻制度。由此，在每个群体内部，同胞兄弟姐妹间不能再继续过同居生活了，而且在每个群体内部都分成男女两部分，这一群体的男女只能与另一群体的男女通婚，丈夫和妻子属于两个不同的群体。如前所述，彼时的布朗族先民的群体既然是以妇女为核心，因此婚姻关系也自然是男子到女方家过同居生活，而按当时的社会习俗一个女子可以与若干男子往来，不加避讳。谁是孩子的母亲是可以确定的，但谁是孩子的父亲却很难认定，从而，世系只能按母系计算。这样布朗族就形成了以妇女为中心的母系氏族社会。

布朗族先民在母系氏族社会时期，既以采集和狩猎为主，同时又开始了旱稻的栽培。当时使用的生产工具除沿用过去的竹木弓箭而外，还有磨制石器。这种石器，迄至解放前后都有发现。据澜沧县布朗族老人苏里亚

① 引自景泰《云南图经志书》卷四。

介绍说："解放前，糯福区布朗人曾经使用过一种石头磨制的点种旱稻的工具——石凿（'阿不末'），长约1市尺，尖端很锋利，使用时被捆在棒的一端，凿一个窟窿即播下几粒种子。后来发展到在竹棒尖端装上铁片，代替原来的石凿。这种石凿是古代新石器的孑遗。"又据勐海县文化馆岩香兰同志说，1975年在布朗山老曼峨附近山地上，群众曾经挖出一柄磨光石斧。这些都是母系制时期布朗族先民曾经使用过新石器的有力证明。

母系制社会的内容反映在婚姻关系上是群婚以及后来的对偶婚制，这在解放前勐海县的巴达区和布朗山区尚可见其残余。例如，巴达区帕勒寨的布朗族青年男女是以年龄为等级组成社交集团。男女青年们到了15岁以后，先要举行一种叫做"节"的成年礼。当夜幕降临，先由达到成丁年龄的一群男青年相邀一起到成丁年龄的女青年们聚会的火塘边，姑娘们一面与男子们谈笑，一面用名叫"考阿盖"的树枝，在铁锅片上烧取黑烟，依次帮男青年一个个地染牙齿。接着男青年们也要烧取黑烟帮姑娘们染牙齿。经过染牙齿后的男女，方可视作成年人，也才获得恋爱和结婚的权利。社交和恋爱异常地自由，男青年晚上去访问女子多是集体进行，所以一个达到社交年龄的女子同时可以与数个乃至10多个男青年交朋友，一个男子也可以分别到许多家去访问女友。女子对前来访问的男子不能拒绝，即使在她的许多男朋友中已经有了中意者，在正式结婚前，她都不能拒绝其他男友的来访，而且这时她的未婚夫也不加反对。这种习俗显然是群婚制的遗迹。

从亲属称谓亦可窥见一个民族过去存在的社会制度和婚姻制度。布朗族的亲属称谓属于类别式，即同一亲属称谓可以适用于同一范畴的成员。亲属一般是按辈分、性别、年龄长幼分为祖父母、父母、自己及同辈、儿女、孙儿女等五辈。祖父母以上的祖先均视同祖父母，孙子以下的后裔均视同孙子，同辈者往往用同一称呼，不加修饰，不再细分。例如，巴达区曼卖兑一带，祖父称"阿达"，外祖父称"阿达"，祖父以上的男祖先也称"阿达"；祖母称"阿牙"，外祖母称"阿牙"，祖母以上的女祖先也称"阿牙"；父称"阿根"，母称"阿妈"，伯父称"根达"；姑父称"阿布"，姨父称"阿布"，舅父称"阿布"，岳父也称"阿布"；叔母称"不顶"，姑母称"不顶"，姨母称"不顶"，舅母也称"不顶"；儿子称"官密”，兄弟姐妹的儿子称“官密”，妻兄弟姐妹的儿子也一律称“官密”。有趣的是曼卖兑寨，凡是哥哥、堂哥、从哥、表哥、姐姐、堂姐、从姐、表姐一律称作“唉”，弟弟、堂弟、从弟、表弟、妹妹、堂妹、从妹、表妹一律称作“阿肮”。在曼果寨父称“根”，母称“骂”，伯父、叔父、舅父、姑父、姨父一律称“根垄”，伯母、叔母、姑母、姨母、舅母则一律称“骂垄”。这些称谓表明了同辈的年岁相当的亲属在古代曾经是一个婚姻集团，因而一律以同辈相称。布朗人的亲属称谓的另一特点就是人们往往以年龄的长幼来决定其称谓。就是说凡年龄与自己相当的人，不论其辈分高低均可视为平辈；凡年龄比自己较长的人，即使是小辈亦可视为平辈；凡年龄与自己不相上下的人，即使是长辈亦可视为平辈。例如，布朗山曼果寨，舅舅本来高外甥一辈，但在舅舅年轻未成家前，外甥可称他为哥或弟或直呼其名；同样道理，在叔父年轻未成家前，他的侄儿女可称他为哥或弟；在姑妈年轻未成家前，她的侄儿女可称她为姐或妹。这种以年龄的长幼来决定称谓的观念，是古代氏族制度下许多民族普遍存在的现象。如德美西纳斯所描述的加拉克土法吉人，他们“共有一切财产与女人，所以他们通通叫长辈为父亲，幼年人为儿子，年龄与自己相同的为兄弟”①。这与布朗人的后一种称谓特点十分相似。从布朗族亲属称谓的特点，也可印证其古代曾经历过母系制的群婚阶段。

布朗族母系制下婚姻的一个显著特点是从妻居制。从妻居，布朗话叫做“应墨客”，意即男子到女子那边过婚姻生活。在女家，妇女是主人，而男子被当作客人。这种从妻居的婚姻形态，一直到 20 世纪 80 年代，作为一种母系制婚姻的残余，仍然在西双版纳布朗族中广为流行。因而了解这种从妻居住婚的特点，对于研究母系社会的生活内容，是不可忽视和饶有趣味的。

布朗族男女青年，一经举行过“节”的成年礼以后，就开始谈情说爱。随着双方感情的成熟，通过双方父母和氏族，女家接受了男青年赠送的酸茶叶、草烟、猪肉等礼品之后，即算正式订婚。从此男青年便可以在晚间去与姑娘同房，布朗话叫作“都尔苦戛”，即同居之意。也有的在未

---

① 引自缪勒利尔（F. Muller Lyer）：《家族论》，商务印书馆 1936 年版，第 50 页。

送礼品前就与姑娘同居的，父母也不加干涉。经过一段时期，待秋收后，再卜期举行婚礼。多数情况是男子到女家去从妻居住。从妻居有 3 种情况：一是事先商定，男子终身随妻方居住，劳动、生活、睡觉均在妻家，算作女家的成员；二是男子在妻家居住 3 年，称为“里阿闷底”，意即妻子家睡，在此 3 年期间，男子吃、住、劳动都在妻家，算作女家的成员（如澜沧县糯福区布朗族）；三是在妻方居住的 3 年期间，男子晚上去妻家睡觉，清早返回自己父母家劳动和吃饭（如曼果寨布朗族）。

在妻家居住的 3 年期间，如果双方感情融洽并生育了子女，或未生子女但感情很好，再选定日期举行第二次婚礼，布朗话叫“刹”或“干格顶”。之后男子就可以将女子接回自己家里，由妻方居住转为夫方居住。但在曼果等寨却有很多人终身没有举行第二次婚礼的，因此这样的男子只能算作女家成员，不能参加他父亲的氏族，自己以后也不能成立氏族（“戛滚”）。凡举行了第二次婚礼的男子，当他去接妻子时，要备办布匹、菜蔬等东西，亲自送到女家。女家也请几个妇女，背着或牵着生下的小孩，携带一些衣物、农具等东西，偕同新娘、新郎一起送到男家，从此，妻子便居住在丈夫家中，成为丈夫氏族中的一个成员。

值得注意的是，布朗人在普遍盛行的从妻居的婚制下，不但结婚自由，而且离婚也很自由。如果夫妻反目，各自带走自家的东西就算离婚。有的地区是由夫妻二人各持蜡条（照明或敬神用品）的一端，夫或妻用刀砍断蜡条，每人拿走一半，从此便各自分手，互不干涉，但日后仍可走访谈笑，她或他的新夫或新妻都不介意。勐海县曼散寨，不论是从妻居或从夫居，夫妻都是自备铺盖，一旦离异，便各自拿走自家的铺盖，互不牵扯。若是从妻居，首先是男子回到自己母亲家，若是从夫居，便是女子回到她的母亲家。此后，若是从妻居的妻子不去接回丈夫，从夫居的丈夫不去接回妻子，这就意味着他们肯定离婚了。①

由于离婚自由，所以男女之间一生中结婚数次者亦多。据调查，巴达区帕勒寨的布朗人，结婚后白头到老的只占结婚数的 1/3，结婚二三次以上的占结婚数的 2/3（其中有两人结婚多达 5 次）。又据调查，布朗山章加

① 宋恩常：《民主改革前勐海县打洛区曼散布朗族家庭形态介绍》。

寨有一个妇女结婚共5次，另一个男子也结婚过5次，结婚三四次的有10多人，结婚两次的有20多人。① 因此，从轻易离合这一点看来，一夫一妻制并不稳固。这是母系氏族社会后期对偶婚的一种残余形态。在母系社会的对偶婚制下，一个女子可以有几个丈夫，一个男子也可以有几个妻子。正如恩格斯所说："在个体婚制之前，确实存在过这样的状态，即不但一个男子与几个女子发生性的关系，而且一个女子也与几个男子发生性的关系，都不违反习俗。"②

在布朗族社会中，由于对偶婚残余的存在，私生子——"官姜"也就司空见惯了。远的已不可考，仅从1950年至1958年的8年中，章加寨共有私生子13个，其中5个是有妻之夫或有夫之妇的私生子，有8个是未送酸茶叶而私通的私生子。如系未婚女子的私生子，则于女子出嫁后，将私生子留在母方家庭抚养，并属于母方氏族的人，可以继承舅父母的财产。即使这个女子出嫁后把小孩带去夫家，但小孩的世系应属原来母方的氏族而不能算作后父氏族的成员。私生子不受社会舆论的歧视，他们享有一般氏族和村社成员同样的权利，可以分得土地，可以参加各种社会活动和宗教活动，到年老后还可以被选为氏族长。如章加寨的岩坦纽是私生子，他到舅父家继承了舅父的财产，属于舅父氏族的成员，后来又被选为氏族长，管理本氏族的公共事务。③ 这是过去母系制社会中，子女属于母系氏族的例证。

在布朗人中，我们还发现一种罕见的社会现象，这就是母子（女）连名制。西双版纳布朗人没有姓只有名，男子都在其名字前冠一"岩"字（老年男子在名字前冠一"达"字），女子都在其名字前冠一"伊"字（老妇人在名字前冠一"牙"字），婴儿出世后3天或1月举行命名仪式。有的地区由婴儿的父亲或族中老人命名，有的地区要请祭司祭祀氏族祖先后，再替小孩拴线和命名。布朗山一带的布朗人命名时，不论男孩女孩普

① 参见杨毓才、王菁、王树五、龚佩华、周裕栋等《布朗山章加寨调查报告》（油印稿）。

② 引自恩格斯《家庭、私有制和国家的起源》（第四版）序言，载《马克思恩格斯选集》第4卷，第7页。

③ 参见杨毓才、王菁、王树五、龚佩华、周裕栋等《布朗山章加寨调查报告》（油印稿）。

遍地要与母亲连名。其具体做法是先选定小孩名字的前两个字，然后把母亲全名的第二个字连在小孩名字之后即可。如曼果寨有一妇女名叫牙冷榜，她生一儿取名岩苏冷，连母名；岩苏冷之妻伊光罕生一女取名伊问光，连母名；伊问光婚后生一女取名伊硬问，连母名。这样四代人的名字都以母亲全名的第二字连接起来了，见下表［双竖线表示夫妻关系，单横线表示母子（女）关系］：

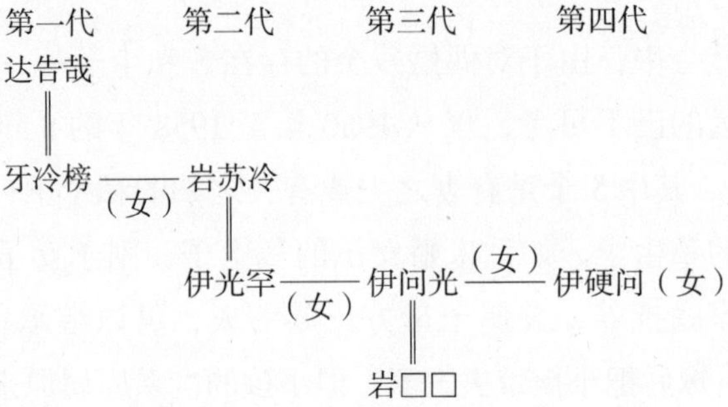

若有几个子女，那么几个子女名字的最后一个字都必须与母亲全名的第二字连接。曼果寨有一位94岁的妇女名叫牙因哉，已经满头银发。旧社会她生了10个子女，夭折9个，最后只剩下一个姑娘，取名伊叫因，连母名；伊叫因与上门从妻居的丈夫岩尖梯生了8个子女，分别取名为伊埃叫、岩硬叫、岩占叫、岩温叫、岩坎叫、伊不叫、伊应叫、伊朗叫，都连母名；长女伊埃叫婚后生一子取名岩尖埃，生一女取名伊少埃；次女伊朗叫婚后生二子，分别取名岩相朗、岩冷朗，也都连母名。这样四代人都以母亲全名的中间一字连接起来，分得出辈分，也分得出姐妹兄弟关系，见下表［双竖线表示夫妻关系，单竖线表示兄弟姐妹关系，单横线表示母子（女）关系］：

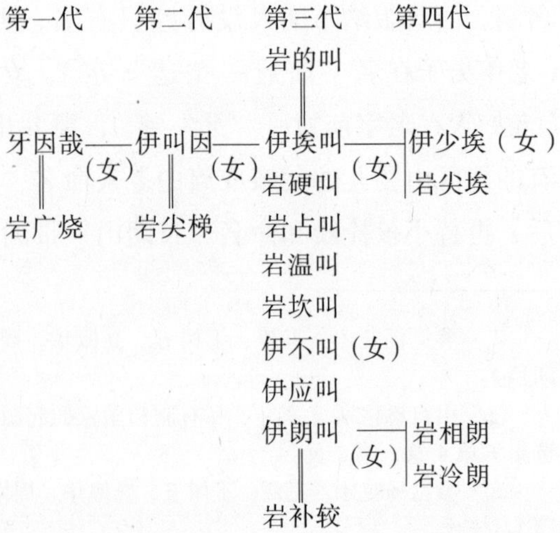

从上面两个实例可知，牙冷榜和牙因哉这样的大家庭都是以妇女为主继承其世系，母亲传给她的女儿，女儿再传给她的女儿，这样代代相传，构成了一个个母系的世谱。男子虽也连母名，但并不计算在世系以内，他们长大成人之后，一般都要离开自己母亲的家庭，到别处去上门随妻居住，以后他的子女也是连母名，与他无关。当然也要看到，有些家庭后来已经出现了妻随夫居，世系按父系计算的情况，容后叙述。

母子连名制乃是过去母系氏族社会的亲属制度按照母系计算的一种反映。在母系制社会，由于只知其母不知其父，所以世系只能按母系计，母子连名是很自然的。现代布朗人的母子连名制则是过去母系制的一种遗存。

布朗人在过去的母系氏族公社时期，妇女是氏族的主人，氏族首长由妇女担任。如勐海县曼夕寨有 7 个氏族（父系），其中有牙囡、牙少缀、牙戛、牙相唉等 4 个老年妇女当过氏族长——“高戛滚”。又如布朗山曼果寨有一位老年妇女名叫伊艸，因她在氏族成员中有威望，而她的兄弟们都不成器，所以大家一致推举她当了“高戛滚”。

在母系氏族公社里，妇女是财产的当然继承者。这种财产继承制，甚至到了父系社会以后还可见其残余。解放前，在布朗山和巴达等地的一部分布朗人中，当其姑娘随夫居住时，她的父母亲要将其私人财产包括私人占有的茶树、竹篷分给女儿一部分。因土地的最终所有权属村社，所以私人占用的土地、茶园和竹篷都不能带走到外寨，但是她们却可以回来种地、砍竹子和摘茶叶。若是从妻居制家庭的妇女，亦同样有财产继承权。独生女的家庭财产则全由女儿和女婿继承共有。

综上所述，我们从布朗族先民生产力和生产关系的状况，从群婚和对偶婚残余，从亲属称谓，从妻方居住婚、母子连名制、妇女任氏族长和继承财产等几方面分析考察，都说明布朗族历史上确实存在过具有本民族鲜明特点的母系制氏族社会阶段。

二、向父系制过渡

到了明代，大批汉族移民来到了滇西边缘各地，同时带来了先进的生产力。居住在永昌（今保山境）、顺宁（今凤庆）、景东等地的布朗族先民——“蒲人”，这时的社会经济已由狩猎采集进到锄耕农业阶段，从而逐渐定居下来。据《西南夷风土记》记载：“蒲人（按指永昌之‘蒲人’）阿昌乃在邦域之中，杂华而居，渐变于夏。”① 又景泰《云南图经志书》记载：“蒲人（按指永昌之‘蒲人’）皆居山巅种苦荞为食。”万历《云南通志》卷四顺宁府说：“境内男耕女织，渐习文字，其名蒲蛮。”到了明朝万历二十五年（1597年），由于社会的进步，顺宁即改土归流了。居住在云龙州的蒲人，婚娶以牛马为聘礼，贫富已开始分化。②“蒲人……在景东者，淳朴务农”③。说明这时与汉族人民接触较多的这一部分“蒲人”，早已过渡到父系社会。

但是，居住在澜沧江以西今西双版纳和澜沧一带山区的“蒲人”，直到清初以后才先后由狩猎采集经济转入定居农业。而这一转变又是与铁质工具（如斧头、砍刀、镰刀等）从先进民族地区输入分不开的。布朗族的山地农业——旱稻，看来最初还是由妇女发现和培植的，在低凹潮湿地方偶尔撒种一点，但大面积地推广播植还主要是由男子来完成的。因为刀耕火种的大规模的旱稻农业，意味着要砍伐大片大片的原始森林，而要砍伐粗壮的树木显然离不开铁质工具，更离不开强有力的男子参加。所以布朗人从刀耕火种的定居农业开始，男子在农业生产中越来越起着重要的作用。加之后来与发展水平较高的傣族交往频繁，且在交换过程中布朗族男子掌握了越来越多的经济实权，最后导致了男子在各个方面终于占据了主导地位。另一方面随着家庭婚姻相对稳定、孩子们已可确认自己的生身父亲，这亦造成了由母系转化为父系的前提。及至清代中叶，西双版纳、澜沧等地布朗族已完成了由母系制向父系制的过渡。恩格斯在论述由母权制转变为父权制的原因时指出：“因此，随着财富的增加，它便一方面使丈夫在家庭中占据比妻子更重要的地位；另一方面又产生了利用这个增强了的地位来改变传统的继承制度使之有利于子女的意图。但是，当世系还是

① 《永昌府文征》卷五“明三”，第13页。

② 景泰《云南图经志书》卷四“云龙州风俗”云：“蛾昌虽与蒲蛮杂处，而婚娶不杂，惟求其同类而已，其聘礼用牛马，贫富有差。”

③ 天启《滇志》卷三十。

按母权制来确定的时候，这是不可能的。因此，必须废除母权制，而它也就被废除了。”①

由母系制社会向父系制社会的过渡是一个逐步地缓慢地实现的过程，因而必然出现这两种制度的并存时期。迄解放前夕，布朗族社会虽然已从父系氏族公社转变到了农村公社，但是还保留下大量母系制的残余以及母系制与父系制交替过程中出现的某些并存现象：

第一，从妻居住婚与从夫居住婚同时并存。以勐海县巴达区帕勒寨为例，一种是从妻居，即在男女结婚的当天深夜，鸡叫以后，新娘把新郎悄悄地领到自己家里。新娘的母亲等在楼梯口迎接，并把准备好的礼物送给女婿，接着舀瓢冷水帮他洗手。新郎随即将芭蕉叶裹着的一对蜡条插在门边，表示从此是女家的成员了。另一种是从夫居，即在男女结婚的当天深夜，鸡叫以后，新郎把新娘悄悄地领到自己家里。新郎的母亲等在楼梯口迎接，并把准备好的礼物送给媳妇，接着舀瓢冷水帮她洗手。新娘随即将芭蕉叶裹着的一对蜡条插在门边，表示从此是男家的成员了。

从妻居与从夫居的数例各寨颇不一致，在帕勒和曼果等寨从妻居者较多些，而曼卖兑等寨从夫居的又较多些。但不管从妻居或从夫居，双方必须在结婚前商定。

还有一种情况是，男女结婚后先在妻家居住 3 年，然后丈夫才把妻子接到自己家里随夫居住。

第二，一夫一妻制的父系家庭与母系家庭同时并存。由于布朗族社会存在着从妻居和从夫居两种情况，所以家庭形态也就存在着母系家庭与父系家庭并存。例如，勐海县曼散寨的伊那南木英有 3 子，有 3 个儿子已婚，这 3 个已婚的儿子仍然与母亲共同居住在一幢公共房屋里，组成 3 个生产生活单位。这是父系家庭。又如同寨的伊坎梅有两个女儿，一个叫伊梅，另一个叫伊嫩丙，二人都已结婚。但她们连同丈夫一起仍然与母亲居住在一幢公共房屋里，而生产、生活已是按母系系统组成的一夫一妻制家庭为基本单位。这又是母系家庭的残余。②

① 《马克思恩格斯选集》第 4 卷，人民出版社 1972 年版，第 51 页。
② 宋恩常：《民主改革前勐海县打洛区曼散布朗族家庭形态介绍》。

第三，母子（女）连名制与父子（女）连名制同时并存。巴达区曼卖兑是比较典型的村寨，它既有纯粹的母子（女）连名制和纯粹的父子（女）连名制，也有二者的混合制［下面双竖线符号表示夫妻关系，单竖线符号表示兄弟姐妹关系，单横线符号表示母子（女）或父子（女）关系］。

（1）纯粹的母子（女）连名制如下表：

第一代　第二代　第三代　第四代

牙南甲肮——牙张肮——南兵肮——｜岩尼肮（男）
（女）　（女）　（女）｜桑帕肮（男）
牙康肮（女）
牙南降肮（女）

（2）母子（女）连名与父子（女）连名的混合制如下表：

第一代　第二代　第三代　第四代　第五代

牙坎肮——南将肮——牙张肮——南兵肮——岩燕肮（男）
（女）　（女）　（女）　（女）
‖
达尽桑——｜伊唉道桑（女）
（男）｜南哈桑（女）
｜伊不桑（女）
｜岩担桑（男）
｜奖苏桑（女）
‖
岩三工里——｜南帕里（女）
（男）｜伊的里（女）
｜南信里（女）
｜阿少里（男）

从上表可以看出，母子（女）连名从第一代直到第五代，一线到底，而第四代和第五代既有母子连名，也有父子连名，而且连父名者已显著增多，这是一种发展趋向。

（3）纯粹的父子（女）连名制如下表：

第一代　第二代　第三代　第四代

达大别——尼不别——岩又别——伊张别（女）
（男）　（男）　（男）

从上面三种情况可知，曼卖兑寨的母子（女）连名制和父子（女）连名制有一共同的特点，就是不管多少代都只连母名或父名的最后一个字音。因此，这种连名制看不出世代辈分的连续性，只能从名字的最后一个字音看出他们同出于一个大家庭。曼卖兑寨的这种连名制是不完善的。

连名制是世界上许多民族普遍存在的一种社会现象，在我国各民族中也是常见的。例如，勐海县哈尼族的父子连名制，从他们能记忆的祖先苏米窝开始推算下去，即苏米窝→窝特类→特类宗→宗孟炎→孟炎甲……一直可以连续到50代。彝族的父子连名制更为完整，据彝族古书《爨文丛刻》一书的记载："始祖名叫希孟越，二世越道觚，三世觚觉世……一百一十七世明宗阿。"布朗族是比较特殊的，它既有父子（女）连名制，也有更原始的母子（女）连名制。但是看来布朗族的连名制较之其他民族更有其特点，更富于研究意义。

连名制本身，体现了人们对亲属关系有相互确认的必要性。在母系制下，只知其母不知其父，因而子女只能连母名，亲属只能按母系计算。到了父系社会初期，知其母也知其父，所以有连母名的也有连父名的，但到了父权占绝对统治地位的时候，子女都一概连接父名，亲属也只能按父系计算。布朗族现存的母子（女）连名制、父子（女）连名制以及母子（女）父子（女）混合连名制，正好说明它历史上曾经经过从母系社会到父系社会的过渡时期。

父系氏族社会代替母系氏族社会，这是历史发展的必然规律。布朗人在进入父系氏族社会之后，仍保留有很多母系制的残余，妇女的地位也并不太低，但总的看来妇女地位已逐渐下降。例如，妇女不能担任村寨头人，社会活动的主动权已基本操在男子之手；在意识形态上认为男人比女人尊贵，平时男子使用的弩箭头，妇女不能触摸等。

氏族制是人类社会发展到一定历史阶段的产物，恩格斯根据摩尔根的研究及他自己进一步的研究指出："氏族，直到野蛮人进入文明时代为止，甚至再往后一点（就现有资料而言），是一切野蛮人所共有的制度。"①"母权制氏族是一切文明民族的父权制氏族以前的阶段的这个重要发现，

① 《马克思恩格斯选集》第4卷，人民出版社1972年版，第80页。

对于原始历史所具有的意义，正如达尔文的进化理论对于生物学和马克思的剩余价值理论对于政治经济学的意义一样。……这样就在原始历史的研究方面开辟了一个新时代。"① 可是，对于母系制氏族先于父系制氏族的这个重要发现，一百多年来，却不断遭到西方一些民族学家的攻击和反对，他们捏造种种理论来否定母系制的存在。如说："今天西方人类学家一般不会接受母权制理论概念；对这个概念，社会主义国家的历史学家和民族学家（丹尼洛娃、克留科夫）也愈来愈怀疑。" "狩猎采集社会中的母权制社会组织缺乏有记录的例子。因此，在人类经济和社会组织的这一水平上，出现母权制是不可能的。"② 很显然，他们企图从否定母权制入手，达到从根本上动摇马克思主义民族学的理论基础的目的。

笔者以为，科学研究、理论探讨，首先应从分析客观存在的事实出发，而不是从凭空臆造的概念出发。母系制先于父系制存在的理论，过去有民族学方面的事实作依据，目前也有很多事例足以证明摩尔根、恩格斯这一理论的正确性。云南永宁纳西族社会的母系家庭和阿注婚是一生动的例证。布朗族社会残存的母系制资料更进一步说明母系制的客观存在及其向父系制的过渡。

（原载《云南社会科学》1981 年第 4 期）

① 《马克思恩格斯选集》第 4 卷，人民出版社 1972 年版，第 14 页。

② ［美］C. 弗鲁埃尔·洛班，李有义译：《对母权制理论的马克思主义的重新评价》，载《民族译丛》1980 年第 4 期。

布朗族的父系氏族公社

布朗族共计 52 000 余人，分布在云南西南部边疆，其中有 27 000 余人分散聚居在临沧专区各县及思茅专区的澜沧、墨江等县，另有 25000 余人聚居于西双版纳傣族自治州的勐海等各县山区。解放前夕，西双版纳山区布朗族尚处在原始社会末期向阶级社会过渡的农村公社阶段，父系氏族公社尚有活力。

布朗族的父系氏族公社，是由男性祖先的若干代后裔以及他们的妻子、子女所组成的血缘亲属集团，有的还包括上门从妻居的女婿。氏族组织，按布朗话表述，就是："达 [taʔ]、牙 [jaʔ]、根 [keŋ]、妈 [maʔ]、唉 [ɛ]、肮 [aŋ]、格闷 [ka mun]、官密 [kuan meʔ]、官奔 [kuan pan]、集纳戛滚。"其意译为"祖父、祖母、父、母、兄、弟、兄弟媳妇及其子女所组成的集团叫做氏族"。氏族，布朗话称为"戛滚" [ka kun]，直译为血缘集团。每个"戛滚"在过去即是一个氏族公社。解放前夕，这种父系氏族公社已迅速解体，一夫一妻制家庭在生产中已日益发挥其独立的作用，农村公社已经形成。不过，在村社的组织中，父系氏族公社的内容仍然可以看到。

布朗族氏族间一般实行族外婚，但不很严格，有的氏族两代以后就可通婚。最早的父系氏族，人口众多。据老人们说，从前在澜沧江中下游的布朗人村落里，曾经有过一种长房子，每幢长房子内安置 20 多个火塘（户），可容纳一百五六十个成员。近代以来，由于生产力的发展，为便于生产和生活，一些老氏族不断分裂出若干父、子、孙三代近亲成员组成的派生氏族——"折加" [tse tɕɛα] 或"孔" [khom]。"折加"比之"戛滚"来说，是规模较小的血缘更近的集团。因此，这种氏族组织就有大有小。大氏族多到90多户，小氏族只有三四户。例如，勐海县巴达区曼瓦村社由5个“戛滚”共215户组成，其中仲龙朗戛滚6户，召曼戛滚36户，仲召国戛滚37户，仲西怀戛滚38户，朗板戛滚98户。又如打洛山区曼夕村社共有7个戛滚，其中达忍戛滚8户，达利戛滚16户，达赛短戛滚22户，达班（男）、牙囡（女）戛滚12户，达彪（男）、牙少缀（女）戛滚9户，达卡兰坭（男）、牙戛（女）戛滚12户，达相呵（男）、牙相唉（女）戛滚12户。有的氏族户数较少，原因是从外寨迁入不久或是从大氏族派生分裂出来的时间不长。

每个氏族是以氏族长之名或以氏族长所担任的头人职称命名的。如达忍氏族即以氏族长“达忍”之名命名，朗板氏族即以氏族长所担任的头人职称——“朗板”命名。布朗族由于没有本民族的文字，以致他们古老祖先的名字已被遗忘，一般只能上推五六代至多七代。现代的氏族名称只能按现代氏族长的名字或其头人职称命名，因而氏族的名称并不固定，随时都可能更动。这也就是布朗族的氏族组织经常断线不能连续扩展的原因。

所有进入农耕的人们共同体，在父系氏族公社时期，都是实行土地公有、集体劳动、共同消费的。由于解放前夕布朗族的父系氏族公社已经大部分解体，农村公社已经形成，所以氏族公社的内容已残缺不全了。然而根据解放前尚存的一些情况，我们仍可追溯当初父系氏族公社的一些特点：

（1）实行土地公有制。这在勐海县巴达区的帕勒、帕得等寨尤为明显。帕勒和帕得在1947年以前都是以一个氏族构成一寨，寨内土地为氏族所公有，每年春季由氏族长分配给寨内各户耕种，平时氏族内各户实行换工互助，秋收后土地仍收归氏族公有，抛荒十二三年后再耕种。据澜沧县糯福区布朗族的调查，那里的土地也“不分你的我的，以寨为单位，大伙耕种”①。从绝大多数已经形成农村公社的村寨来看，各氏族的土地虽已全部转化为村社所有，但其中大多数土地仍由寨内各氏族长期占有，按期分配给各户使用。各户对于这种土地只有临时使用权，秋收后必须把土地交还给本氏族。氏族外迁，则必须把土地交还给村社，所以说土地的最终所有权已经属于村社。但是，各氏族对于占有使用的那部分土地，又有比

① 引自1958年澜沧布朗族调查资料。

较长期的管理支配之权，甚至晚近以来，有的氏族为了集体或帮助某成员的需要，可以在寨内出租、典当其氏族土地而村社不予干涉。这说明氏族对于氏族地有稳定的长期占有权和支配权。氏族占有地的多少，各村社很不一致。如巴达区曼瓦寨氏族占有地约占村公有土地总数的63%。布朗山章加寨的土地全为寨内的各氏族所占有，如岩立亮氏族共有49.5挑籽种的土地面积，其中氏族占有为42挑籽种的面积，占本氏族公私土地总数的84.84%，私人占有为7.5挑籽种的面积，占全氏族公私土地总数的15.16%；又如同寨的岩勐先氏族占有46挑籽种的土地面积，占本氏族公私土地总数的75.4%，私人占有15挑籽种的面积，占本氏族公私土地总数的24.6%。①

布朗人在氏族公有土地（如帕勒、帕得等寨）或在氏族长期占有的土地上进行生产，有一套特有的制度：每年春耕垦种之前，先由寨头人召集各氏族长老开会，卜鸡卦选择当年的播种方向，然后各氏族成员到卜定了方向的氏族土地上，由氏族长——“高戛滚”将土地按户分配给各户耕种。分配原则最初是根据各户的需要量，人多多分，人少少分，地肥少分，地瘦多分。至阳历一二月份，氏族集体砍树劈草，待暴晒干枯后，全氏族男子一齐举火焚烧。播种、薅草、收获等工序则由单户进行，但氏族成员间彼此可以换工互助，收获物归各户所有。秋收结束，土地仍交还氏族，待抛荒若干年再行分配。

分配土地最初是按平等的原则，在氏族长主持下，根据人口多寡采取好坏搭配的办法。这种方法，在落后的生产力水平基本相同的条件下，收获物的多少是不会悬殊太大的。后来有的地区采取一年一度的抽补调整，即根据原耕种者人口的增减情况，人口增多者多划给一份上地，人口减少者则抽出其多余土地补给人口增多户。这种办法大体上还是平等的。

（2）氏族的内外大事由氏族代表会议推选的氏族长管理。氏族长称“高戛滚”，其产生是由全氏族成员推选氏族中辈分高、年龄大、慷慨助人者担任。“高戛滚”是终身制，一旦任职后即使他耳聋眼瞎也须等他死后才能另选人接替。一旦“高戛滚”死去，就召开全氏族的代表会议——“朋戛滚”，推举新的继承人。这种会议男女均可参加。推举出新的“高戛

① 参见1956年思茅地委工作组调查资料《布朗山张家寨面貌》。

滚”后，接任者还要当众赌咒发誓，表示忠诚于集体，努力为公众办事。待把死去的氏族长埋葬后，随即将氏族的象征物——“哼而戛滚”[bar ka kun]① 送至新任氏族长家中，由他主管全氏族事务。

氏族长年高而富有经验，在群众中有很高的威望，他代表全氏族成员的意志，对内管理和分配土地，帮助氏族成员调解纠纷或解决危难，主持祭祀氏族神灵；对外向别氏族借用土地和交涉其他事宜。凡族内外重大事情都要召开氏族会议，商讨解决办法。

氏族长以丰富的经验和他对氏族成员的爱抚，赢得众人的尊敬。逢年过节，各户的家长及主妇要携带手帕、蜡条、鲜花、菜饭等物品到氏族长家中向氏族长“索马”（致敬礼），并帮氏族长洗手洗脚。曼瓦、帕勒等寨的妇女还要送热水去帮氏族长洗澡，祝福老人长寿百岁、全家清吉平安。氏族长要对前来致敬的人致答词：“唉！接到你赕送的尊贵的礼物，但愿它们变成谷子满仓，福气世代相传，变成天马送你到幸福的地方……”或者说：“祝你们种谷得谷，种棉花得棉花……祝你们身体健壮，上坡像风，下坡像雨，去灾得福。”迁往他乡的成员，因为他们的氏族没有同迁，届时也要派代表携礼品回故地向氏族长致敬。

（3）氏族成员之间相互扶持。“戛滚”作为一种社会组织，以血缘关系为纽带，把全氏族成员团结在一起。在同“戛滚”成员间，无论生产上或生活上，都有互相帮助和互相扶持的义务。同氏族的人，若土地不够种，可以向地多的成员借种，不付报酬；若缺籽种，彼此馈赠；在生产过程中，诸如下种、薅草、割谷等农活，彼此不计报酬、不计劳动力强弱的换工互助；当某成员盖新房时，只需向同氏族的各家分送一包草烟表示邀请，大家就会马上前来相助，有的还送来木料、草排、篾条、粮食等东西，主人家只招待饭食而不付其他报酬，劳动中本氏族成员比其他氏族成员出工最勤，使力最多。若某成员负债无力偿还，或被罚款赔不起时，“高戛滚”就要召集本氏族人在一块商量，帮助他赔还。例如 1947 年，布朗山曼果寨的岩布中、岩因闷、岩缀朗三人到坝区去买东西，恰巧碰着曼

① “哼而戛滚”是一个布袋，内装祖先遗留下来的各种东西，如三脚架、小刀、野猪牙、贝壳等等，有的村寨则是编一篾箩，内装祖先的遗物，叫做“胎戛滚”。

达贺寨失火。他们前去救火，后来却被人诬告说他们偷了人家的东西，因此被国民党捆去关押起来，并要他们每人赔款 50 多元（半开）。三人无法，只好找各自的氏族帮助。于是岩布中氏族的“高戛滚”就召集全氏族成员开会，大家商量后决定根据各户经济的厚薄来分摊，很快凑足了数，帮岩布中交清了罚款。其他二人的氏族亦分别设法为岩因闷和岩缀朗交清了罚款，后来三人才被释放回家。平时当氏族成员死亡无力埋葬时，同氏族的人就出钱出力帮助料理丧事。对于那些无依无靠的鳏寡、孤、独、残疾者，由氏族负责抚恤，养老送终。

（4）共同祭祀。西双版纳山区的布朗人有他们共同奉祀的祖先，女祖先叫做“代袜么”[tai va mo]，男祖先叫做“代袜那”[tai va na]。人们认为这一对已经死去的男女祖先神灵，无时无刻不与活着的人生活在一起，主宰人们的生产和生活，因而随时都要举行祭祀祈祷活动，祈求祖先神灵保佑消灾得福。如曼兴龙寨的布朗人在每年傣历十月要举行祭龙活动，人们杀猪宰鸡先祭寨子中央的寨神“丢那曼”，又至寨边祭已故氏族首领“丢无那”（又译作“代袜那”），由头人和氏族长共享祭品之后，再将祭肉分成若干份，送给各户小孩一份。佛教传入后，祭祀祖先的仪式又往往纳入佛教节日活动中。有的氏族每年要举行集体赕佛活动，在佛寺的住宿膳食等费，就以氏族公款开支。每年阳历 4 月中旬过新年时，各户成员要用芭蕉叶分装两包糯米粑送至氏族长家中，其中一份送给氏族长作礼，另一份用来祭祀祖先“代袜么”、“代袜那”。氏族成员共同祭祀祖先、集体会餐等活动，目的在于唤起大家对祖先的感情，团结整个氏族，不致忘记大家都是出于共同的祖先。

（5）赡扶幼小。赡扶幼小是布朗族氏族制下普遍盛行的一种风气。在观念上，氏族内众人的孩子视为自己的孩子，众孩子的喜庆视为自己孩子的喜庆，孩子的不幸，必得全氏族的关心。如青年男女经过自由恋爱后举行婚礼，须要双方氏族长出面主持。若是从妻居，男方的氏族长就被邀请到女家作为氏族的代表，在婚礼前先发表意见。他向新郎、新娘一一盘问，问他们是否真心相爱，同时还希望对方氏族和村寨要像对待自己的孩子那样对待从妻居的新郎，教育他遵守寨规、好好劳动等等。若是从夫居，女方的氏族长就被邀请到男家作为氏族的代表，在婚礼前先发表意见，他同样要仔细询问新郎、新娘并向对方氏族和村寨提出希望和要求。

若遇某家孩子因父母双亡无依无靠，这时孩子所属的氏族一般都要召开氏族会议，征询大家的意见。在会上当某户表示愿意扶养孤儿，氏族长乃将小孩携交该户。孤儿长大成人后，他可以自立门户或随亲戚同居。接纳孤儿作为养子是一种义务，特别是孩子的近亲更有义不容辞承担扶养的责任。而且负责扶养者并不要求养子或其亲属将来做什么报答。常有这样的事例：接纳养子的家庭视养子如亲生子女，直到帮助他们婚娶立户，很少有中途遗弃的。

（6）氏族有进行血族复仇的义务。在氏族社会里，同氏族的人不仅要互相帮助扶持，而且有血族复仇的义务。恩格斯根据摩尔根叙述的易洛魁人的氏族风俗，曾经指出："在保护自己安全方面，个人依靠氏族，而且也能这样做；谁侮辱了个人，便算侮辱了全体氏族。因之，从氏族的血缘中便发生了那为易洛魁人所绝对承认的血族复仇的义务。"① 解放前，布朗人的社会中同样存在这种血族复仇的习俗。以勐海县巴达区帕勒和帕得两个氏族寨晚近发生的流血械斗为例：帕勒和帕得原系邻居，械斗的起因是帕勒的土地分给帕得一部分去耕种，后来发生了争执，几度谈判都不得要领。帕得氏族的代表去调解期间，在帕勒喝酒（意即串姑娘）引起帕勒群众的反感。突然谣言纷起，传说帕得的代表被帕勒人围攻了。于是帕得群情激愤，全氏族青壮齐集，人们高举红布一幅作为开路的标志。在这场械斗中，双方进行肉搏战，刀棍相击，结果是帕得氏族的一个成员死于沟壑，双方多人受伤。后经多方调解，纠纷始罢。

从布朗人推举氏族长、崇敬老人、相互扶持、赡养孤幼等情况，使我们联想到在我国古代社会中曾经经历过的"选贤与能，讲信修睦。故人不独亲其亲，不独子其子。使老有所终，壮有所用，幼有所长，鳏寡孤独废疾者皆有所养"② 那种原始公社制的图景。当然，这类原始的公社是建筑在生产的极端落后和社会组织的非常狭隘的基础之上的。

（原载《思想战线》1981年第6期）

① 恩格斯：《家庭、私有制和国家的起源》，载《马克思恩格斯选集》第4卷，人民出版社1995年版，第242页。

② 引自《礼记·礼运篇》。

布朗族农村公社的形成和特点

布朗族分布在我国云南省西部和西南部边境，共有52 000多人，主要聚居于西双版纳勐海县的布朗山、巴达、西定和打洛等山区，景洪县、勐腊县山区也有分布，其余分散聚居在临沧专区的双江、镇康、云县、耿马和思茅专区的澜沧、墨江等县。

解放前，布朗族社会发展不平衡。临沧专区以及墨江等县的布朗族，由于长期与其他民族交错杂居，已进入封建社会。而西双版纳山区的布朗族，还处在原始社会末期向阶级社会过渡的原始农村公社阶段。这里的村寨基本上已不是以血缘为单位，而是由数个不同的氏族共同组成的地缘单位了。但在这样的农村公社中，氏族组织仍然继续起作用，血缘纽带还没有完全废弛。我们探讨布朗族社会由氏族公社到农村公社的形成过程及其特点，对于研究古代社会的发展是很有意义的。笔者拟就这问题谈谈自己的一管之见，是否得当，请读者指教。

一、原始农村公社的形成

原始农村公社是原始社会末期的最后一个社会形态，它是世界各民族普遍经历过的历史发展阶段。那么农村公社是怎样形成的呢？它与前一个社会形态父系氏族公社之间的衔接关系又是怎样的呢？这是我们在研究原始农村公社时首先要回答的问题。

布朗人称氏族为“戛滚”，每个戛滚是由一男性祖先繁衍的数代子孙及其妻子所组成。布朗人在父系氏族的早期和中期阶段都是以氏族为单位建立村寨的。① 当时，人们主要从事山地农业，由于生产力落后，在莽莽林海间耕种旱稻，力量十分单薄，唯有依靠氏族集体的力量伐丛林、劈草莱，进行刀耕火种。这就决定了当时必然实行主要生产资料（土地）的氏族公有，集体劳动，共同消费的原始共产制。即所谓"土地不分你的我的，以寨为单位，大伙耕种，每年春季，群众到头人那里去剽牛祭鬼后就开始生产了"②。但是到了氏族公社的解体期，已经开始产生某些私有财产，如房屋、牲畜和土地收获物等归个体家庭私有。由于私有财产的出现和发展，氏族成员间的矛盾和争端不断发生，加之氏族人口的日益增多，而土地面积的相对减少，于是某些氏族成员便从氏族母体中分裂出去，投入其他村寨的怀抱，与其他的氏族成员杂居相处，生育繁衍，终于形成了解放前在西双版纳山区的数十个布朗族农村公社。这种经过重新组合的社会组织，每一个都包括若干从不同时期和不同地区迁来的氏族成员。如打洛山区的曼夕村社由 7 个氏族所组成，巴达区曼卖兑村社由 5 个氏族所组成。但这仅仅是农村公社组成的第一步，因为村社的形成还牵涉到土地制度、社会结构的转化问题。从调查资料来看，从母体氏族分裂出去的成员在他们到达一个新地区之后，即将附近一片土地据为氏族公有，由本氏族成员耕种，而后来者也分别占有一片土地为氏族公有地，最后由若干氏族的公有地联结起来，逐渐形成一定的村社土地界线以与他寨地界相区别。以巴达区曼瓦村社为例：曼瓦由 5 个氏族构成，最早到的是召曼氏族，由澜沧迁来；其次到的两个氏族由孟连迁来；最后到的两个氏族由缅甸迁来。这 5 个氏族先后占据几片荒山作为氏族公有地，最后连接成为曼瓦村社的领域。

初期，这些新组成的村社，其土地仍为各氏族所公有，由氏族长分别管理经营，村社并不加干涉。但后来人们为了共同处理对内对外事务，即由各氏族的长老共同组成村社的领导班子，并推举一个建寨较早的古老氏族长为村社的总头人（如老干、达捧等）。随着时间的推移，村社事务日益频繁，村社的共同性越来越多，村社集体利益的观念日益浓厚，而氏族

① 至解放初，在巴达一带还残留着少数这样的村寨，例如，帕勒和帕得就是两兄弟分家后繁衍而成的以一个氏族为单位建立的村寨。另有新进的 7 家外来户，尚未形成"戛滚"。

② 根据 1958 年澜沧县糯福布朗族调查资料。

观念日趋淡薄，经过相当长的时期之后，在土地所有制方面遂发生了根本性的变化。此时，原属各氏族公有的土地，演变为属于村社集体所有。这一演变的标志有两点：第一，本村范围内的土地绝对不能让与外寨，凡整个氏族外迁，其土地即收归村社公有。第二，平时村社头人对于氏族土地的干预越来越多，如当某一个村社成员的土地不够种时，头人可以召开村社会议，从任何一个氏族的多余土地中抽出一块给他垦种。这样，农村公社即告形成。

二、村社的生产力状况

解放前，布朗人在农村公社组织下，主要从事山地农业，农作物主要是旱稻，其次是玉米和黄豆。近代以来在部分村寨中亦学会种植棉花、花生等作物。布朗族社会生产力水平是非常落后的，其特点是：砍倒烧光和轮歇丢荒的原始农业占主导地位，采集和狩猎为辅；生产工具原始简陋，仅部分进入锄耕农业；手工业还未脱离农业而独立；各村社基本上是自耕自足，但已发生与外民族进行交换的情况。

生产工具是社会生产力发展水平的标志。布朗人进行农业生产时，经常使用的工具有播种时用以凿洞下种的竹、木尖棒（各马而）和后来安小铁铲的竹、木棒（昂各落）；有脱粒时清打谷把的木弯棍（耳波）和扬谷用的竹叶扇（耳优）；有除草用的二指宽三寸长的小铁锄（贝）；有从外民族买进的铁质砍刀（昂）、斧头和带齿镰刀；部分村寨已开始使用买进的大板锄，但使用技术还不熟练。据统计，解放前一年，布朗山曼兴龙寨共有 77 户，除普遍使用竹、木尖棒作为生产工具外，仅有大板锄 16 把、斧头 80 把、小锄头 121 把，而且板锄主要用于开垦鸦片烟地。

耕地全部是山地，实行砍倒烧光、轮歇耕作制。一般的土地只种一年后就丢荒十二三年，待草木重新成林再行砍种。现以主要作物旱稻的耕作情况来说：每年春耕播种前，人们便依照神卜决定的方向，全寨集体出动到一片公山上，然后以氏族为单位分头用砍刀、斧头伐去预定要播种的土地上的树林，暴晒数月，待枝叶干枯即放火烧成灰烬。至阳历 5 月，以户为单位分头下种。播种时，男子拿一根顶端捆有竹矛的竹、木棒或在顶端镶有铁皮的竹、木棒在前面凿穴，妇女随后播下数粒至10余粒种子。待禾苗长成，中耕除草一至三次。到阳历9、10月，用镰刀割谷并堆放在地中央。稍隔数日，在地上铺设篾笆，男女赤足踩谷脱粒，接着男子手抡竹扇扬去杂草，最后驮运回寨，装进各户自己的仓库。这样就大体完成了旱稻的生产过程。但若是在可以连种两年的土质较优的土地上种植作物，其技术稍高，即第一年砍树烧山后种棉，第二年把棉株拔除，再用二指宽三寸长的小锄头挖窝播种，中耕除草二三道即按上述方法收获。不过这类土地不多。

由普遍流行的刀耕火种到少数作物的锄挖播种，也是经过了一个长期的演变过程的。这主要是晚近以来锄头等铁农具自傣族地区输入后的结果。

人们由于迷信鬼神，生产忌日多，频繁的宗教活动又浪费了很多时间，因而一个正常劳动力每年大约只出工180个劳动日。有的耕地离寨较远，往返耽搁时间，实际上一个劳动日用于生产的时间不过五六小时。

在劳动过程中，男女分工不严格，除砍伐山林、烧树、凿穴为男子专职，播种为女子专职外，其余如薅草、脱粒、收藏等工序男女均可担任。

由于生产工具和生产技术原始落后，所以农作物的产量非常低。砍倒烧光即行播种的土地，旱稻产量一般为籽种的10倍，最高为籽种的25倍，最低五六倍。少数锄挖地的旱稻产量，一般也不过为籽种的20倍，估计约亩产75公斤。一个全劳动力一年以180个劳动日计算，可种一挑半籽种（37.5公斤）的旱稻和一筒籽种的玉米，一年可收旱谷375公斤、玉米105公斤。扣除劳动者本身消耗的口粮和籽种共337.5公斤，尚余147.5公斤。换句话说，一个全劳动力一年的劳动收入除去口粮和籽种外，仅仅能够再提供一个劳动力半年的口粮。所以解放前，缺粮情况相当严重，贫困落后是一个基本问题。

缺粮季节，人们纷纷到深山野林中采集各种野生植物作为充饥食品。采集是以妇女为主，有时男子也参加，采集物有野荞菜、水蕨菜、野芹菜等数十种。此外由男子组成集体狩猎队伍，用围捕射杀或设陷坑等方法猎获马鹿、麂子、野猪、虎、豹等野兽作为食物的一种补充。

与农业生产和群众生活紧密相关的手工业如纺织、编篾器等，还没有脱离农业而成为独立的经济部门，在很大程度上具有自给自足的特点。解放前10多年间，布朗人已从傣族、拉祜族和汉族手工匠那里初步学会了打制铁农具的技术，但铁匠一般都没有脱离农业生产，仅仅在农闲时打制小锄头或加工修理其他农具。每个劳动日生产的成品数量少而质量粗糙。制作技术稍高的农具如板锄、砍刀、斧子等，主要依靠其他民族供给。纺织是妇女利用木纺锤把线纺好后，就用竹筒、竹针、木挡板所组成的全凭双手代梭穿纱的原始织布机织布。一般情况下，每人每天能织粗布数市尺，这种产品只能做小孩的背带、盛粮袋和裹腿布。缝制衣裙的土布，是用山区土特产向坝区傣族交换而来的。至于编织的草排和各种篾器，多是为着自给，少数用作交换。

生产关系必须适应生产力的状况，有什么样的生产力就有什么样的生产关系，这是人类历史发展所证明了的马克思主义的一条原理。上述布朗族的生产力状况决定了它必然产生与之相适应的生产关系。

三、生产资料公有制和私有制并存

布朗人在由氏族公社过渡到农村公社之后，仍然保有氏族公社时期的某些内容和形式。个体家庭为了获得生产资料和维持日常生活的条件，一方面它还要在某些地方依靠氏族，但另一方面更主要的必须依靠村社这个新生的更大的集体，首先要取得村社成员的身份。这时的村社已经在支配人们的物质生活和精神生活方面占据主导地位，村社制度已成为大家进行生产和生活时共同遵守的准则。村社成员若离开村社，就会失掉一切，若被逐出村社，则是最严厉的惩罚。然而作为农村公社生产、生活基础的土地所有制形态是怎样的呢？概括起来，可分为村社公有制、氏族占有制和私人占有制三种。

（一）村社公有制

布朗族农村公社范围内的一切土地、森林、牧场的最后所有权都属于村社公有。

村社公有土地（马耳庸）上的森林，除村寨周围和预定要按期垦种的土地上的森林不准砍伐外，其余地方的森林，凡本寨成员均可砍伐，不受限制。若外寨人欲砍伐时，必先征得主寨头人的同意，否则将酿成纠纷。

曼瓦、曼桑、章加、曼兴龙等寨的村社公有土地可分为两部分，其中绝大部分是由各氏族或派生氏族长期占有使用，并通过氏族内的每年定期分配实现单户生产；另一部分凡不属氏族占有及私人占有的土地，乃属纯粹的村社公有地，由村寨头人直接管理。这类土地中，有些村寨是采取集体分地，共同砍树烧山，再由单户进行生产的方式，秋收以后土地仍交还村社。唯离寨较远的土质贫瘠的村公有地，不再实行集体分配，凡属村社成员，只需通过头人都可自由垦种，但丢荒之后，个人即失去使用权。

每个村社都有一定的疆界范围，若要使用外寨土地，必须取得外寨的同意，只要送上一点草烟作为礼品就能尽力开垦一片土地，秋收后土地交回主寨。但晚近以来寨与寨间借用土地，必付出一定租金。如果有谁侵犯外寨主权，即将引起严重纠纷，甚至酿成命案。若在狩猎过程中，甲村成员打伤的野兽逃到乙村地界内死掉，按照习惯法应把倒地的那一半兽肉送给乙村，理由是野兽倒下的土地是属于乙村的。

（二）氏族占有制

氏族占有地布朗话叫作“马耳戛滚”（或“披戛滚”），它是从氏族公有地演变而来的。氏族公社时期的土地，属于整个氏族所公有，其他氏族无权过问。这在帕勒、帕得等一个氏族即为一寨的少数村寨中，土地的氏族公有性质非常明确。但是当其村寨发展到由若干氏族组成为地缘性的农村公社之后，这时的氏族公有地即转化为氏族长期占有使用，最终的土地所有权已经属于农村公社了。解放前，布朗族的属于村社所有的土地中，氏族占有地“马耳戛滚”居多数。

“马耳戛滚”均以某种自然物为界，氏族间不能互相侵占。由于寨内各氏族有历史长短和成员多寡的不同，因而土地占有亦不均衡，历史悠久、人口众多的氏族占有土地较多，历史短、人口少的氏族占有土地较少。例如，勐海县巴达区曼瓦寨 3 个较大的氏族共占有 1 057 挑籽种（每挑籽种地约合 2. 5 亩，共计 2 642 亩）的土地，其中召曼氏族 36 户，占有

411 挑籽种的土地（合 1 027. 5 亩），占 3 个氏族总耕地面积的 39%；召卷氏族 37 户，占有 378 挑籽种的土地（合 945 亩），占 3 个氏族总耕地面积的 35. 7%；西怀氏族 38 户，占有 268 挑籽种的土地（合 670 亩），占 3 个氏族总耕地面积的 25. 3%。

氏族占有地由氏族长（高戛滚）统一管理，每年进行分配，集体砍树烧山后（有的氏族占有地是由单户砍树集体烧山），再由各户分别播种、中耕和收割，秋收完毕，各户分得的土地仍交还氏族，丢荒若干年，又重新分配。值得注意的是，各户对于氏族占有地使用权的获得，必须以依存于氏族为条件，若某户外迁，必须把氏族分给的土地交还氏族，从而失去使用氏族占有地的权利。此外，氏族占有地禁止任何人私自出卖，否则将受处罚。

从上述情况来看，组成农村公社之后的氏族，作为一个血缘集体，它在村社内还继续保持有分配、管理土地之权，但是它已没有撇开村社出借、借入或出租、租入土地与外寨交涉之权，一切有关对外交涉事宜，必须通过代表村社的头人去进行。另一方面，氏族对于村社土地使用权的获得，必须以作为村社的组成部分为前提，一旦氏族外迁或死绝，其土地便由村寨头人收回，归村社公有。这些情况都表明氏族对于氏族土地只有占有权而无所有权，最终的所有权已属农村公社。

（三）私人占有制

布朗族的私有制是随着锄耕农业的出现，社会生产力的提高，特别是由于交换的发生之后而逐步产生、发展起来的。最初的私有，还仅限于生活资料如房屋、家畜、家禽及常用的生产工具。至于土地的私人占有，约在解放前三四十年间才发生。各地区各村社公有地和私人占有地的比例颇不平衡，但大多数的村寨仍然以土地公有制为主，私人占有地仅是少数。例如，巴达区曼瓦寨的村社公有地占全寨土地总数的 75%（其中氏族占有地占土地总数的 63%），私人占有地只占土地总数的 25%。布朗山老曼峨寨村公有地占全寨土地总数的 83%，私人占有地只占全寨土地总数的 17%。而有的村寨私人占有地就比较多些，据布朗山新曼峨寨中一个氏族的统计，保持氏族占有由氏族分配使用的土地，占土地总数的 52. 24%，已固定给各户长期占有不再分配的土地，占土地总数的 47. 76%，也就是说，将近1/2的土地已取消了定期分配制。这种将土地固定到户使用的情况，体现了生产者从生产过程中的临时占有到长期占有的转变过程，是土地公有制向土地私有制开始转化中的一种过渡形态。

从土地的公有到私人长期占有再到私人所有，是经历了一个复杂的演变过程的。布朗族的土地私有过程，大体经历了三个阶段：

第一阶段是从公有土地的定期分配转为各户长期固定占有使用。这一过程是从解放前三四十年间开始的。各户对于这种固定占有的土地可以出租也可以子孙继承。

第二阶段，土地以使用权转让的形式开始进行交换。解放前二三十年来，随着生产力的提高，交换的发展，特别是高利贷的盛行，使得社会贫富分化加剧。有的家庭便出卖其长期占有的土地，有的氏族为帮助其成员还债，出卖氏族占有地。与此同时，富裕户也就趁机购买土地。例如，老曼峨寨从1943年至1953年的10年间，出现土地买卖16起，面积达302亩。

土地买卖是土地私有的明显标志。但布朗族这时期的土地买卖一般还没有超出村寨范围，土地的最后所有权仍属村社，而且土地价格也非常低廉，每挑籽种（2.5亩）的地价为银币“半开”（两个“半开”折合全国通用银币1元）1～2元，不超过总收成的10%。因之，这种土地买卖还不是严格的科学意义上的土地买卖关系，实质上只是一种土地使用权的转让关系。

第三阶段是较完备的土地私有。晚近在少数比较富裕的村寨，商品交换特别频繁，各种剥削关系有所发展。大头人、富裕户通过商业投机和高利贷剥削，把村社成员的土地转为私有。如西定、曼卖兑等少数村寨，土地买卖已超出村寨界线，可以卖与外寨。布朗山曼果寨在解放前已开出15挑籽种的水田，这种水田属于私有，可以卖与外寨。因而这类土地已经具有完备的私有性质。随着商品交换和土地私有制的发展，农村公社开始进入它的解体阶段。

（四）产品分配的二重性

布朗族社会发展到农村公社阶段，存在着一系列的矛盾。这集中表现在土地的公有与私有同时并存的矛盾，集体劳动与个体劳动同时并存的矛盾，以及产品分配中存在的原始平均主义与实际占有不均并存的矛盾。

农村公社时期，产品占有的不平衡导源于土地公有与私有的存在，也导源于公有土地分配的不平衡。布朗人早在氏族公社的后期，已经实行定期分配土地的制度了。起初，土地分配基本上遵循平等的原则，即先把土地好坏搭配，然后按各户人口的多寡，人多者多分，人少者少分。例如，帕勒寨的土地为氏族公有，全寨土地分为几大片，每年种一大片，每大片又分为几大块，若干户人家为一组耕种一大块。每组内的各户用绳子丈量土地，平均分配，劳动力多、土地瘦的就多分些，劳动力少、土地肥的则少分些。这种分配办法在生产力水平相同的条件下，各户的生产品大致是平衡的。但是到了农村公社阶段，分配土地的平等原则逐渐遭到了破坏。这时的头人和氏族长规定了一条利己主义的原则，也就是盛行一时的按辈分高低和年岁大小依次分配的办法。如在曼瓦和章加等村社，头人、氏族长老和辈分高的人，可以优先占有较多较好的土地，而辈分低、年岁小的成员只能分得较少较差的土地。公私两种土地的存在和公有土地分配的不均等，必然导致土地占有的不平衡。以章加村社 3 个派生氏族的情况为例，岩洪康氏族 10 户，占有 183 挑籽种的土地，每户平均有 18. 3 挑籽种的土地；岩波峨氏族 8 户，占有 287 挑籽种的土地，每户平均有 35. 8 挑籽种的土地；岩康安氏族 6 户，占有 336 挑籽种的土地，每户平均有 56 挑籽种的土地。可见，章加村社 3 个派生氏族之间占有的土地就不平衡。而氏族内部分配也并非绝对平均，这必然造成各户产品占有的不均等。

可是，从另一方面我们又可以清晰地看到原始平均主义的准则仍然普遍存在于人们的生产和生活中。例如，离寨较远的村公有地，凡本寨成员都有垦种的权利；那植根于公有土地上的森林，除村寨周围和预定要砍种的土地上的而外，每个村社成员均可自由砍伐；在公山上打得野兽，凡参加狩猎者均可平分一份；寨内各户凡杀猪宰牛，照例平分给每户一份（澜沧布朗族）；晚近以来，村公有土地出租给外寨的租金收入，也平均分配给各户或用于集体祭寨神、修桥筑路等开销。

在村社内部，个体户的分散劳动已适应生产力的状况和私有制的发展，并日益显示其比之过去的原始集体劳动更能促进生产。但生产力水平毕竟不高，有些生产活动还不能完全摆脱集体劳动，这也是一种前进中的矛盾现象。

（五）社会组织

布朗族的农村公社既是一个经济的又是一个政治的共同体，每个村社在经济上和政治上自成一个独立的单位，村社内部由 1 个至 10 余个氏族或派生氏族所组成，其规模最大者 300 余户，小者 10 余户，一般都是 100 户左右。

村社有严格的领域范围，大都以山岭、溪流或大树为界。每个村社都有公共的土地、森林、牧场，有公共的墓地和共同的宗教生活。个人的人身安全得到集体的保护，若遇外侮都能团结一致，生死与共。这说明布朗族农村公社作为一个共同体，对于村社成员具有很强的内聚力。

村社头人是内外事务的领导者和集体的代表。布朗族原来的头人制度比较单纯，原始民主的内容生动而丰富。近百年来由于社会经济的发展，私有制的出现，特别是傣族封建领主势力的渗入，因而头人制度已经增加了某些阶级的因素。傣族领主分封布朗族大头人为召卷。每个召卷管辖若干村寨。布朗山、巴达、西定等山区共有 5 个召卷，管辖 50 多个布朗族村寨，但各村寨互不统率。头人的名称和职责各地略有差异，职责分工不甚严格。巴达区和西定区的村寨头人可分为 7 级（有的寨不足 7 级）：老干（总管寨内外事务）；达曼（傣族称之为召曼，主管生产和有关宗教事宜）；朗板（主管公共财物）；达闷、老先、达乃（此三头人为一级，协助老干办事，多管有关偷盗事的处理）；格朗（主管青年男女关系）；布占（管宗教事务）；呵西（管通信）。

格朗以上诸头人的产生具有原始民主的内容。即先由各氏族成员在氏族会议上提出若干人作为候选人，再交由全寨各氏族成员通过，最后用抽签方式选举确定寨头人。格朗以下的小头人不再经过群众选举，直接由头人会议来确定。

候选人的条件，主要是办事公正，不欺压人，夫妇双全者。至于家庭财富的多寡，在选举中并没有作为一个条件来考虑，即使家境贫穷者也可以被选为头人。有的地区，当选人要当众赌咒发誓，表示忠诚于集体。头人在任职期间，若不称职或严重损害公众利益，群众有罢免和另选的权利。如解放前巴达区曼瓦寨的群众，曾一次就罢免了大小头人 18 个。值得注意的是，村社头人是在各氏族内民主选举的基础上产生的。在曼瓦等寨对于头人的选举，还实行“族内继承制”，就是说当任老干被罢免了，只能由原老干氏族内的成员继任，达曼被免任了也只能由原达曼氏族内的成员继任。因之，就出现这样一种双重的关系，即村社的头人同时也是各氏族的领导者——氏族长。由此亦可看出布朗人从氏族公社过渡到农村公社的发展线索，这种农村公社还没有完全脱离氏族的脐带。

特别值得重视的是关于头人达曼（“达”意为长者或老人，“曼”意为村寨，即寨老的意思）的选举。达曼原是一位负责管理土地，分配土地，主持祭祀、婚姻、丧葬，接纳外来成员，对外交涉等重要事务的主要头人，后来演变为次要的角色。在布朗山地区达曼的选举情况是这样的：选举时，凡村社成年男子齐集于佛寺（从前不在佛寺），将九根竹签装进罐中，其中一根写有“当选达曼”的字样。由祭司向佛祷告说：“我们全寨来抽签选达曼，你在高处看得清，谁管寨子合适就让谁当选。”祷告毕，男子们摘下包头巾。跪着依次抽签，抽着写有“当选达曼”字样的竹签者，则站立一旁，然后将竹签仍投入罐中，让其他人继续抽，未抽着者被淘汰站到寺外。第一轮完毕，留下若干候选人，再由这些候选人进行第二轮抽签。这样逐次淘汰，最后剩下两人来抽两片竹签，其中一片有当选字样，凡抽着者就算当选为达曼了。达曼的任期无一定年限，也不得父子继承。其任期的长短完全由寨神“得那曼”（寨中竖一木桩，四周垒石为台作标志）来决定。达曼在任职期间，若发生猪、鸡跳进“得那曼”石台上，或遇虎、豹进寨咬伤人畜，都认为大不吉祥，表明此达曼不能继续任职了，必须重选新达曼。

上述抽签选举的仪式，据群众说：“达曼是一个村寨的头人，他比‘召’（傣族官称）还来得早，‘召’既不能委任寨头人，也不能撤换寨头人，所以只得用抽签选举和山神来撤换的办法。”又说，“佛寺没有以前，头人由大家选，有了佛寺才由佛监选。”这些说法是可信的，它表明了布朗族原始民主生活的演变过程。

村社在必要时即召开头人会议和民众大会，商讨内外事务。头人会议称为“抛马根”，意为爹妈会。它在群众的政治、经济和宗教生活中起着重要的作用。寨内首席头人（老干）是会议的主持者，凡是对内对外重要事务，必先召集头人会议，并吸收各氏族的老人参加商讨，作出处理意见，然后召集民众大会或通过头人传达的方式征得全寨成员的同意。

近百年来，傣族封建领主的势力深入山区，分封布朗族头人，加强其统治。一般地说，几个较大的头人都要经傣族领主加封，而且头人制度已渗入了阶级的因素，大头人对群众已经有剥削和压迫的情况。可见，农村公社的二重性亦体现在他们的社会组织中。

综上所述，我们可以看出解放前西双版纳山区布朗族的农村公社也和世界其他地区的原始农村公社一样，是处在原始社会末期向阶级社会过渡的阶段，是原始社会的最后时期。正如革命导师马克思指出的："在东印度也有这种农村公社，并且往往是古代形态的最后阶段或最后时期。"① 这种原始农村公社是在氏族公社的基础上形成的。马克思在这方面也有论述，他说："在日耳曼尼亚本土，这种较古类型的公社通过自身的发展而变为塔西佗所描绘的那种农业公社。"② 笔者认为马克思所指的"较古类型的公社"就是氏族公社，而"农业公社"就是农村公社。

布朗人的农村公社脱胎于氏族公社。这种村社既有居于主导的公有制，也有不断发展中的私有制；既有个体家庭为基础的个体劳动，也有全氏族全村社共同性的集体劳动；在产品分配方面有平均主义，也存在实际占有的不平均；在社会组织方面，既有原始民主的内容，也有了阶级的因素。这些都是农村公社二重性的体现。

村社二重性的演进，特别是土地私有制随着商品交换的发展而不断发展，当其土地私有制完全确立之时，原始农村公社即告解体。

（注：文中所引资料，除笔者于1958年、1959年、1980年在布朗山、巴达、打洛、澜沧等地亲自调查者外，还引用了原云南省历史研究所杨毓才、王菁、王树五、龚佩华、周裕栋等同志于1964年在布朗山的调查资料，谨此致谢。原载《民族学研究》，民族出版社出版）

① 《给维·伊查苏利奇的复信草稿》，载《马克思恩格斯全集》第19卷，人民出版社1963年版，第434页。

② 同上书，第448页。

布朗族宗教信仰

布朗族分布在祖国云南省西南部边境一带，共约 52 000 人，主要聚居在西双版纳山区，此外临沧专区各县和思茅专区的墨江县和澜沧县也有少量分布。解放前，布朗族社会发展不平衡，居住在临沧专区各县及墨江县者基本上已发展到封建社会阶段，而聚居在西双版纳山区和澜沧糯福区者尚处在原始社会末期向阶级社会过渡的阶段。布朗族是一个历史悠久的少数民族，在汉代以后的史书上记载有“濮”、“扑子蛮”、“蒲蛮”、“蒲人”等，实际上都是布朗族在历史上不同的称呼。解放后，为尊重本民族人民的意愿，统称为布朗族。布朗族没有文字。布朗语属于南亚语系孟高棉语族的布朗语支。解放前这里生产非常落后，特别是西双版纳山区和澜沧糯福一带的布朗人，普遍实行刀耕火种、轮歇抛荒的原始耕种方法。由于生产方式的落后和人们在大自然各种灾害面前的软弱无力，因而崇拜各种精灵鬼神。布朗人长期以来信仰原始宗教，近代以后又信仰南传上座部佛教。下面试就这个问题加以粗浅论述，如有不当之处，请读者指教。

一、自然崇拜

布朗族民间流传的自然界鬼灵很多，如“色架荒”（大鬼）、“板哈披天”（天鬼）、“色架格代”（地鬼）、“色架格洛”（旱谷鬼）、“色架翁”（水鬼）、“色架枯”（树鬼）、“色架格门”（坟地鬼）、“色架格每披”（野牛鬼）等数十种鬼灵。总之，把自然界和不可知的现象都认为是有鬼，在生产、生活过程中叫魂、祭鬼求神的活动是非常频繁的。

建寨时，要举行圈地仪式。即在划定了寨子范围后，沿着村寨周围栽上木桩，并用草绳将木桩连接起来，然后进行撵鬼，不让鬼待在寨里祸害人畜。每个村寨都设一个寨心神，有的寨是在寨子中央立一根木桩，周围垒以石头为标志；有的寨则立 5 根木桩，以中间一根削尖为标志。每逢"干日"（在阳历 2 月及 7 月）要举行祭寨神的活动，每次祭祀 3 天。届时，寨门外高悬木刻、篾盘等物，以示外寨人不得入内。若有外寨人撞入寨内，要罚祭猪一头。本寨成员在这 3 天之内不准磨刀、背水，不准出入寨子，不准吵闹。3 天之后才能下地生产。平时，凡有人生病，经卜卦认为得罪了寨神，就要请头人"达曼"祈求寨神说："×××得罪了你，今天来请罪，求寨神让他恢复健康。"若有牛、马失踪，也要去祭寨神，求它将牛、马放回来。

树木对于山民们来说是十分重要的，村寨周围的参天古树又是抵御风暴的天然屏障，因而树木也是人们崇拜的对象。村寨附近的林木不许任何人砍伐。每年还有祭龙树（神树）的活动，祈求龙树保佑庄稼丰收、人畜平安。布朗人认为树有树鬼，如果砍树回来生了病，就认为撞着了树鬼，病人的家属须杀鸡请巫师卜卦。巫师告诉病者是撞着了某棵树鬼，于是就到砍倒的那棵树下，摆好饭菜，由巫师帮病人悔过说："我们把树砍错了，现在我们来认错，再来栽新树，生的病请求你帮忙拿掉，伤风感冒也请给拿掉，你需要的饭菜鸡肉都拿来给你了。"祭树鬼时，还要带去病人的衣服一件，表示病人也在场。祭祀完毕返回寨子边，巫师还要帮病人叫魂道："喔，你的魂回来了！"

火给布朗人带来光明、温暖和熟食等，这自然激起人们对火的崇敬，所以他们禁止任何人从火塘上跨过。火又是布朗人进行刀耕火种时不可缺少的一种生产力，靠着这星星之火就能把大片丛林顷刻化为灰烬，然后在上面播下旱稻、黄豆、棉花等作物。因而在每年烧山前，要用供品去祭火神，请火神不要烧越出界。火一方面给人带来衣食之源，带来了无穷的幸福，但另一方面确又常给人们带来一些灾难。在风高物燥的三四月间，往往由于一点火星就将整个村寨化为乌有，因而人们对火又怀着十分畏惧的感情，进行祭祀火神的活动。每次祭火神，将茅草、树皮、草灰等放置于竹箩里，然后请巫师念经，念完经，随即将竹箩送到河边，点燃箩中茅草，让其顺水飘去，以示送走了那为害的火神。

人们还信奉一个管水的神，名叫“苦拉”，据说它是一个人头蛇身的怪物，每当下大雨涨大水或山崩地塌时它就出来了。但是它不能管其他的鬼，与其他的鬼都是平等而互不管属的。祭祀水神时，要将一些生活用品如伞、土锅、碗筷等送到河边，待巫师念经祷告后，就把这些东西倒入河中，以示献给了水神。

二、图腾崇拜

布朗族的先民在古老的母系氏族制时期，主要从事狩猎生活。在那莽莽的原始森林里，有各种各样的野生动物，其中有的动物被看作他们氏族利益的保护神，于是产生了动物图腾的观念和神话，后来甚至把某种动物当作自己的祖先加以崇拜。

布朗族的图腾并不是虎、豹等凶猛的野兽，而是竹鼠和癞蛤蟆等小动物。布朗山老曼峨一带崇拜竹鼠，他们认为竹鼠代表祖先的魂灵，它爬出洞来都不能打，要远远地避开它，否则认为亲人就会死掉。但是后来又发生了变化，认为如果是费力地从土洞中挖出来的竹鼠，还是可以吃的，不过要先举行一种特殊的仪式才行。即在每年的4月和9月，人们要集体去挖竹鼠，逮到了竹鼠，把它拴在一根棍子上，给它戴上鲜花，由两人抬起，后一人手拿竹竿不断地摇动，绕寨一周，然后抬到“达曼”家里。将竹鼠头砍下留给“达曼”，其余砍碎分给各家一小点。各家接到鼠肉，都要面朝火塘上的三脚架点拜三次，表示竹鼠给大家带来了谷魂。如果是挖着母竹鼠，就预示明年将获大丰收。广泛流传在西双版纳布朗族山区的一则神话《岩洛卜我》记述道：人王岩洛卜我是一只癞蛤蟆。叭亚天同他作对，7年不下雨。岩洛卜我第一次上天讨伐叭亚天，打输了。他就派白蚂蚁去，蛀空了叭亚天的武器。岩洛卜我第二次上天讨伐叭亚天取得了胜利。他把天上的飞禽抱回来，将野禽分给男人，男人粗心大意，野禽全都跑光了，所以直到现在要吃野味只有抬枪到山上去打；女人分得家禽，照料很细心，所以现在家禽很多。岩洛卜我上天打仗时，把癞蛤蟆的皮脱在家里，被他妻子烧掉了，所以永远变成了人。在另一个故事里，癞蛤蟆也被视为帮助弱小共同战胜强敌的英雄。布朗族的动物图腾崇拜，是他们母系氏族社会生活的反映。

三、祖先崇拜

布朗人为了要同自然界和异族人进行有效的斗争和接触交往，便推举自己的氏族、部落酋长。这些氏族、部落酋长，既是当时人们的领导实体，也是氏族、部落一切精神力量的化身。因此，他们在生时被渲染成英雄，死后就被渲染成神。人们还从灵魂不灭的观念出发，认为人死仅仅是形体的消失，而死者的灵魂却永恒存在，所以只要随时向死者灵魂敬献礼品和祈祷，就会得到这些阴灵的保佑，降福消灾，于是产生了祖先崇拜观念。

布朗人首先崇拜的祖先是古老的氏族长“代袜么”和“代袜那”（有的译为“丢无那”）。“代袜么”是女性，“代袜那”是男性。这清楚地反映了由母系过渡到父系之后，母系祖先与父系祖先同时都作为崇拜对象。后来布朗族社会发展到了农村公社阶段，这两个氏族祖先“代袜么”、“代袜那”又转为各村社共同崇拜的对象——寨神。这又是与农村公社的现实生活中，由各氏族共同拥戴村社头人的状况相一致。寨神“代袜么”和“代袜那”（有的村寨又叫寨神为“得那曼”），管理着全村社成员的一切吉凶祸福，以致头人“达曼”的罢免也要由他们来决定。如有猪、鸡跳进寨神柱台上，便认为这个“达曼”不能管事了，必须重新选举“达曼”。全村社成员到每年4月要集体祭祀社神，祭祀由“达曼”主持，杀鸡一只，先到村寨四周祭祀，再到寨子中央祭社神。平时无论结婚、死人、建屋必把两对蜡条交给“达曼”，请他向社神致祭礼。新加入村社的成员，也必须先交蜡条给“达曼”，请他向社神转致敬意，从而得到社神的庇佑。

此外，各村社内的各氏族都有一个氏族神，这是古老的母系氏族分支后的氏族神。这种各氏族敬奉的氏族神没有名字，而以“哼而戛滚”作为标志。“哼而戛滚”是一个布袋，内装祖先遗留下的生产工具和生活用品，例如有的“哼而戛滚”内装一把小刀、一串珍珠，有的“哼而戛滚”内只装一把木刀和几颗谷米，有的“哼而戛滚”内只装几颗象牙、几个贝壳，等等。“哼而戛滚”由现任的氏族长保管，逢年过节全氏族成员都要来向它致敬。若氏族长死去，又将它转交给新任氏族长保管。有的氏族成员迁徙到其他村社以后，而他们的“哼而戛滚”仍然留在原来的氏族内，每逢年节，他们还要携带蜡条等礼物返回故地向“哼而戛滚”祭祀。

布朗人当其父系氏族解体、个体家庭建立之后，每个家庭都供奉一个家神。有的家庭是用芭蕉叶、甘蔗叶和蜡条等东西拴在屋内的一根中柱上作为父母灵魂的象征，逢年过节向它祭祀。而有的地区的家庭，就根本没有这类象征物，只是在过年过节时把蜡条、饭菜等塞进卧铺上方的草排下，作为给家神的祭品。人们还有这样的习俗，即外出到山地上搭地棚搞生产不能超过 29 天，否则怠慢了家神，就要杀鸡一对来祭祀，表示忏悔。

由于布朗人有了灵魂不灭的观念和对祖先的崇拜感情，因而产生了与这种观念和感情相适应的丧葬仪式。一般人死后实行土葬，多用竹棺亦有用木棺葬的。墓坑挖在全寨的公共墓地上，依照人间的模式对于死者也得按辈分和年龄长幼依次分台下葬。即七八十岁的老人埋在最上一台，五六十岁的老人埋在次一台，三四十岁的壮年人又埋在下一台，最下台埋葬儿童，凶死者则埋在远离公共墓地的地方。墓坑较浅，尸体头朝西足朝东，仰面直葬，不垒坟堆。人病死，要请和尚念经，停尸 3 日以内，浴尸后入殓。停尸时，还要用茶叶、芭蕉、饭团、蜡条等东西捆在死者手上，并用一根白线拴在死者的大拇指上，泄出棺外。当抬棺出门时，一刀把白线砍断，意思是死者从此脱离家庭了，人走鬼也走了，斩断鬼魂的归路。然后由村寨头人带领众人送丧至公共墓地。众人抬尸至墓地把死者从棺内抬出放入土坑内，即行盖土，不垒坟堆，然后将棺材连同抬死者的竹竿一起砍烂盖于坟上。送葬的人还要一一向死者说：“你不要让人看见你、听见你，要好好地躺下，保护好你。”意思是让死者的灵魂不要再出来游荡了。若是 80 岁以上的老人去世就实行火葬。骨灰由死者家属扫成一堆，任风吹雨淋。焚尸后二日，死者家属用蜡条、盐、谷等去墓地祭奠，以后逢年过节都要祭祀。人们在送葬回来的途中，还要由头人“达曼”走在最后，边走边撒下一些树叶，表示大家从此与死者分离，遮断鬼魂的归路。“达曼”

一边走一边不断地喊叫："×××已经不是我们寨子里的人啦，他已经是'隔依'（鬼山）上的人啦。那'隔依'是很脏的地方，你们不要再待在那里。"叫喊之后，就表示众人的魂已经回到寨子了。过去寨里不论死了什么人，全寨停止生产一天，表示哀悼。

由上述可知，布朗人是万物有灵论的信仰者。万物有灵论是人们在生产水平非常低下，在大自然的各种灾害面前软弱无力，对自然界各种现象无法理解而产生的一种错误的观念。而祖先崇拜则是在万物有灵的思想基础上，在人们进入氏族社会以后产生的一种血族承袭观念和对祖先劳绩的追念感情。祖先崇拜的含义，不仅是崇拜具体的个人，而且是崇拜个人为代表的血族团体。布朗人在进入农村公社以后，这种氏族祖先的崇拜对象也转变为全村社的崇拜对象。最古老的氏族祖先"代袜么"（女）、"代袜那"（男）则成为很多村社普遍崇拜的神灵。祖先崇拜作为一种意识形态，它可以在一些民族中长期保存到阶级社会的终结。有些资本主义发展较快的民族，祖先崇拜的观念基本上已经瓦解。因此，可以说生产越发展，特别是商品生产越发展，那么祖先崇拜的观念就越加淡薄，甚至逐渐地达到完全湮灭。

四、信奉南传上座部佛教

南传上座部佛教是佛教的南宗，傣语称南传上座部佛教为"沙瓦卡"，"沙瓦卡"在汉文佛经中译为声闻乘。声闻乘是佛教的正统派别。后来佛教分出汉传佛教后，就称声闻乘为南传上座部佛教。南传上座部佛教流传于东南亚各国及我国云南省的西双版纳和德宏等地区，时间久远，影响很深。据西双版纳历史文献《叭真以后各代的历史记载》① 和《叭真及其后代的历史散记》② 的记载，在傣历七九八年（公元1437年，明朝正统二年），西双版纳勐遮土司铳朗法在勐遮建造了第一批佛寺和佛塔，可知南

① 系《泐史》的另一种本子，是根据勐康土司藏本所译。
② 载《西双版纳傣族史料译丛（六）》，第30页。

传上座部佛教大致在15世纪初传入西双版纳。至于口头传说比此时还早。南传上座部佛教是何时传入布朗族地区的并无明确记载，目前只能推测。根据民间传说，南传上座部佛教大致在200年前由傣族地区开始传入布朗山一带，而在解放前数十年间得到了发展。

布朗人本信原始宗教，近200年来，西双版纳傣族领主为了加强对山区布朗族的统治，就利用南传上座部佛教作为先导，派佛爷逐步进入山区传教。初期曾遭到原始宗教信仰者的抵制，矛盾较大。坝区南传上座部佛教四进三出布朗山的老曼峨就可印证：勐海曼蚌佛寺的松列（高级僧侣）第一次带27个帕朗（佛爷中的最低一级）到曼峨传教；第二次由曼蚌的一名松列带26个帕朗到曼峨宣讲佛教的“五戒”、“十戒”，并为布朗族消除“密叉”（鬼）；第三次由曼蚌大佛爷帕召丙随带21个帕朗到曼峨为布朗族消除“密叉”；第四次又由曼蚌佛寺的帕召苦（高级僧侣）和另一个佛爷带领16个帕朗到曼峨为布朗族消除“密叉”。前后经过多次宣讲，最后布朗人开始信仰南传上座部佛教了。南传上座部佛教与原始宗教的矛盾也反映在民间流传的关于佛祖与魔鬼斗法而最后魔鬼被佛祖降服的宗教故事里。

南传上座部佛教传入布朗族地区后逐渐扩展开来，后来形成全民性的宗教。全民信奉佛教的原因主要有两点：第一，布朗族是以村社为基本的社会单位。傣族佛教僧侣首先诱使布朗族村寨头人兼原始宗教的主持者“达曼”等信教，接着群众就一起跟着头人入教。这样，“达曼”就身兼两职，他既信佛又为群众祭鬼叫魂。而佛教的专职代理人“布占”间或也参加送鬼叫魂。所以原始宗教与佛教乃互相渗透、互相利用。第二，南传上座部佛教有一套恐吓与诱惑兼施的宣传。如说：信教者死后能升天堂，不信教者死后入地狱；信教者受人尊敬，不信教者是野人，甚至找不着伴侣；信教后当了和尚就能超度父母亡灵上天堂；等等。总之，大家都以信教为光荣，不信教为低贱。这些社会舆论加上村社组织的集体性，使得布朗人不可抗拒地全民信仰了南传上座部佛教。

汉传佛教与南传上座部佛教从根本上来说并无不同的地方，例如二者的教义中都有“三世因果说”和“六道轮回说”。所谓“三世因果说”即是认为“前世造因，今世受果，今世造因，来世受果”。按照这种逻辑，一切劳动人民的苦难之果皆因他们前世所造，而一切剥削者的幸福之果也皆前世所造，其欺骗性是十分清楚的。所谓“六道轮回说”即是认为人都随自己的善恶行为在死后或升天界为天人或为神，或转入人界为人，或变成畜牲，或为鬼，或堕入地狱，一切众生永远升沉于这六道之中。按照这种逻辑，就是要人“行善止恶”。而佛教的善恶标准则是有利于统治阶级而不利于劳动群众的。例如，西双版纳南传上座部佛教就曾宣传：一切反抗土司的行为都是“恶”行，而服从土司的行为都是“善”行。所以“三世因果说”、“六道轮回说”纯系唯心的说教，也是套在群众身上的两根绳索。

汉传佛教与南传上座部佛教不同的地方，主要在于汉传佛教重在所谓“普度众生”（即“自度度他”），而南传上座部佛教重在“自我解脱”（即“自度”）；汉传佛教比之南传上座部佛教自有其不同的经典，在教义上有所发挥和发展。南传上座部佛教教义的“自度”，看来是与这些地区农村公社的闭塞性、狭隘性和村社之间的互不统率密切相关的。而汉传佛教的“普度众生”教义，则是社会生产方式已经进入了高一级阶段的地区在宗教意识方面的反映，也就是比南传上座部佛教在教义上有所发展。

南传上座部佛教传入布朗族山区后，影响很大，从此布朗人有了和尚、佛爷，他们学习傣文记载的经典，开始有了本民族的知识分子。这对于促进民族文化的交流是起了一定作用的。

布朗族地区南传上座部佛教的一切制度、设备都仿效坝区傣族。其教阶分为八级：第一级叫“帕囡”（小和尚）；第二级叫“帕朗”（又称“都”，即佛爷中最低的一级）；第三级叫“帕听”或“沙的听”；第四级叫“帕沙弥”；第五级叫“帕桑”，全称是“沙的桑卡纳甲”；第六级叫“松列”；第七级叫“帕召苦”；第八级叫“阿戛木里”。

升“帕囡”或升“帕朗”比较容易，只要本人愿意、父母支持即可请佛爷举行仪式。布朗族男孩到了十二三岁都要进佛寺当一段时期的和尚，其中有部分接着升“帕朗”。“帕听”以上佛爷的升迁就比较麻烦、隆重，升迁的条件主要是考察其对经书的领会程度和对佛寺管理的好坏，群众的拥护和头人的赞许也是一个重要条件。但布朗族佛爷最高只能升到第七级“帕召苦”。据说因为布朗族是小民族，傣族土司不准升，只有傣族“召勐”（一个地区的领主）出身的佛爷才有资格升最高教阶。

傣族封建统治者千方百计利用南传上座部佛教，在政治上控制布朗族。“帕听”以上佛爷的升迁必须经傣族土司批准；布朗族头人的选举，也规定要在佛寺内，在佛的监视下进行。

南传上座部佛教的赕（音“胆”，意为敬献）佛活动十分频繁，宗教节日有“奥瓦沙”（CK va sa）、“赕星”（tan sin，老人听经、赕佛）、“赕统”（tan thoy，献经书）、“赕什那”（tan s na，祭父母亡灵）、“赕帕”（tan pha，献袈裟）、“考瓦沙”（khau va sa）、“景比迈”（tain pi maw，过新年）等7个节日是每年固定的集体赕佛活动。此外还有不定时的集体大赕“赶听”（kan thiy）和私人大赕“靠刚”（khau kay）、“靠囡盆”（khau roi phan）、“帕囡盆”（pha nɔi phrn）等等。赕佛活动浪费了很多时间，浪费了很多社会财富。佛教对于群众思想的麻醉作用也是相当深的。不少人沉醉于宗教职业者狂热的宣传中，例如解放前布朗山有个佛爷，他在寺内向群众讲经和佛的故事。讲到精彩处，那些手持蜡条、盘膝而坐的男女老人，猛地从坐垫上蹲起来狂呼，有的把首饰抛过去，有的甚至把穿的衣服、披的毯子也抛过去赕给了佛爷。这是为什么呢？布朗族现实生产的极端落后，群众生活的贫困化，民族长期处在被统治者压迫和歧视的地位，他们又不理解造成这些现象的真正原因，所以万物有灵的原始宗教和后来的南传上座部佛教都成了他们迷信的对象。马克思说得好：“宗教里的苦难既是现实的苦难的表现，又是对这种现实苦难的抗议。宗教是被压迫生灵的叹息，是无情世界的感情，正象它是没有精神的制度的精神一样。宗教是人民的鸦片。”①

（本文所用资料，除笔者调查的以外，还有杨毓才、王菁、王树五、龚佩华、周裕栋等同志的部分调查材料，特此表示衷心的感谢。原载《西南民族学院学报》1981年第2期）

① 马克思：《黑格尔哲学批判导言》，载《马克思恩格斯全集》第1卷，人民出版社1956年版，第452－453页。

克木人的村社和氏族制遗迹初探

我国克木人分布在云南省西双版纳傣族自治州的勐腊和景洪两县。根据1982年上半年的统计，共有1 700多人，其中勐腊县南部有1 200多人，景洪附近山区500多人。我国克木人与老挝、泰国境内的克姆族以及越南西北部的高目族在语言、体质形态、风俗习惯等方面都基本相同（克木、克姆、高目都是翻译时汉文的异写）。特别是中老两边的克木（或克姆）人，长期以来在经济文化上互相依存，他们互相通婚和自由迁徙，以至形成今日跨国境而居的状况。解放前，克木人居住在亚热带山区，这里四季不太分明，但有明显的旱季和雨季之分，即每年11月至次年4月为旱季，5月至10月为雨季。全年平均气温为20℃，最高气温为38℃。这里雨量充沛，年平均降雨日为166天，加之土地肥沃，因而各种植物生长繁茂。森林中栖息着种种珍禽异兽，如大象、野牛、虎、豹、长臂猿、灵猫、水獭、马鹿、孔雀、犀鸟、蟒蛇等等。克木人自称"克木"，含有"人"或"人民"的意思。汉族称克木人为"插满"，傣、哈尼等族亦称克木人为克木。克木人有自己的语言，它与布朗语、佤语、崩龙语以及柬埔寨的高棉语关系密切，在语音、语法特点方面基本一致，都是属于孟高棉语族。到解放前，克木人尚处在原始农村公社阶段，同时还保存有很多氏族社会的遗迹，为我们研究人类古代社会的发展提供了一个例证。本文拟就克木人的村社和氏族制问题进行初步的探讨。

一、原始农村公社

解放前，西双版纳克木人已被傣族领主（土司）统治，克木人居住的山区被视为领主的领域，因而克木人每年必须定期下山为当地领主服各种劳役，诸如搭晒台、养象、挑水、舂米、割马草等等。平时猎获野兽，亦须给领主送上一腿。但领主还没有强迫克木人改变其原有的生产方式。作为生产资料的土地，由克木人自己的村寨头人管理，头人再把土地划分给各户去耕种，各户对于自己分得的土地有不定期的占有使用权。若因故迁徙，其占用的土地则可以转给亲戚使用或交还村寨。土地宽阔的村寨，则由各户自由选择耕地，凡抛荒弃耕的土地，寨内缺地之家均可前往使用。寨内土地属于村寨公有，不能买卖。村寨之间都有一定的地域界线，甲村寨不能随便去垦种乙村寨的土地，若要垦种，先要征得对方寨头人的同意，否则将被罚款。例如 1947 年，勐腊县的暖养寨错垦了附近蚌索寨的土地一块，于是被蚌索人罚款，每户出 7 角钱交由头人买猪 1 头，宰杀后抬到错垦的那块土地上祭鬼。这说明村寨界线神圣不可侵犯。但另一方面克木人的园地、宅地、牲畜和农业收获物均属个体家庭私有，人们进行生产时虽是以个体家庭为基本的生产单位，但村寨内各户成员间经常有换工互助活动。在众人帮助某户播种旱稻时，还要由主人家用饭、肉祭祀地鬼，并在自家土地上先点种几窝，然后众人才开始点播。农耕大忙时期，当某户因劳动力少或因病不能出工时，只需向寨头人说一声，头人就会安排大家自带吃食前往帮助，事后也不付任何报酬。若遇旱稻受灾，全寨人就要恭请“陆滚”（巫师）去祭地鬼。众人在谷地上杀一只狗作牺牲，“陆滚”口中念道：“请保佑我们的庄稼长得旺，不给虫吃，不给鸟吃……”祭毕，将狗骨埋于地中。在集体祭鬼的两天之内，大家都不能下地生产。克木人的每个村寨虽是由若干氏族所组成，但各氏族每年秋收以后的祭祖活动，亦要邀请全寨人参加，共同祭祀。寨有寨神，祭寨神的时间各寨不一致，祭时全寨停止生产一天。寨有公共的墓地，一般病故者不分氏族都埋在全寨的公共墓地上，凶死者必须埋在远离公共墓地的地方。

以上情况表明，克木人的村寨有几个基本的特点：第一，这些村寨已非血缘性的组织，而是由若干个氏族组成的地缘性的组织。第二，公有制占主导地位，但也产生了一定程度的私有制，即人们主要的生产资料——土地属于村社公有，但园地、宅地、畜禽等已属个体家庭私有，这反映出村社经济的二重性。第三，社会组织是以寨为基本单位，每寨都有若干个领导对内对外事务的头人，某些生产环节、对外交涉乃至祭鬼活动都是在头人的领导或主持下进行。此外，每寨都有公共的墓地和公有的神灵（寨神）。

这些特点正说明解放前克木人的社会，正处在原始农村公社阶段。

克木人的社会生产力状况，也是和农村公社相适应的。农业是主要的生产部门，农作物以旱稻为主，其次还有玉米、黄豆、红薯、芋头、棉花等作物。手工业与农业紧密结合。多数村寨还没有铁匠，少数村寨虽有自己的铁匠学会打制砍刀、小锄头等农具，但匠人都未脱离农业生产。凡需打制农具者，要自带原料，事后帮铁匠进行同等时间的劳动，具有换工互助的性质。成年男子一般都会编制背箩、篾席、竹桌、竹饭盒等物品，多数为自给，少数用作交换。妇女已会用简陋的坐式腰机将自纺的棉线织成白色粗布缝成布袋、头巾和小孩背带。人们所需的衣服和筒裙，是用自种的棉花向坝区傣族交换而来。狩猎是一种经常性的活动，但在经济生活中仅占辅助的地位。

克木人对主要农作物旱稻的生产，实行刀耕火种、轮歇抛荒等原始方法。其耕种过程和方法大致是这样：到了每年的傣历三四月间（相当于阳历 1 ~ 2 月），由若干户人家相邀去山上互相帮助砍伐树木。妇女用砍刀砍小树，男子用斧子砍大树，摆放地上暴晒。六月开始烧山，届时全寨男子一齐出动，并要通知邻寨知道。七八月份着手点种，点种时由男子手持一根 1 丈多长的竹竿（竹竿用刀削尖，用秃了再削，后来有的村寨已发展到在竹尖端套上一个铁质圆锥），边戳洞边后退。男青年们还特别在竹竿内装置一小截木棍，戳洞时就发出悦耳的“咚咚”声。妇女二人尾随戳洞的男子后面，丢 10 余粒种子于洞中，不施肥料。九至十一月的 3 个月内，用小铁锄薅草 2 ~ 3 次。十二月份（阳历 10 月）当旱稻成熟时，男女一起用手勒下谷粒装入布袋中，又用竹扇扬净之后，人们头顶背箩，把谷运回寨内各户的小仓库里。有的村寨的克木人已学会用镰刀割谷穗、足踩脱粒和用棍打谷把等方法。在上述粗放的原始耕作制下，旱稻产量是很低的。上等地产量为籽种的20倍，下等地产量为籽种的10倍，一般土地产量为籽种的15倍，所以有部分农户每年要缺四五个月的口粮。在每年青黄不接的时候，缺粮户就只好掰嫩玉米充饥或外出帮工度日。

二、图腾崇拜与氏族

世界各民族在古代都曾经历过从原始游群过渡到氏族公社的阶段。在氏族制下人们开始过着以血缘为基础的集体的社会生活。各血缘集团（氏族）之间为了通婚、交往等需要，为了彼此有所区别，就分别以其经常接触的某种动物、植物或其他自然物作为自己氏族的标记（名称），这就是氏族图腾。

西双版纳克木人的氏族图腾尚保持着它原始朴素的面貌。勐腊和景洪两县克木人的每个氏族都是以某种动物或植物为崇拜对象，主要有虎氏、水鸟氏、小瓦雀氏、牛屎雀氏、野猫氏、白头翁氏、水獭氏、八哥（鸟）氏、犀鸟氏、破脸狗氏、孔雀氏、水葫芦氏、秧鸡氏、树蕨氏、细白花氏等20余种。以勐腊县暖养寨内22户男女户主的姓氏（图腾）为例：计水鸟氏14人、虎氏14人、长尾鸟氏4人、野猫氏3人、瓦雀氏2人、孔雀氏和水葫芦氏各1人，各户子女的姓则随父母而定。由上述可知暖养寨全是以动物或植物作为氏族图腾的。

克木人的每个氏族图腾几乎都有一段生动的故事传说，下面举几个图腾传说为例。

虎氏族传说：从前有一个妇女非常怕虎，她终日忧心忡忡，生怕被虎所害，以致不敢下地生产。后来寨里有人猎得老虎一只，怕虎的那个妇女兴高采烈地跑去观看。她一边用足去踢虎尸，一边说："你不是要吃我么？今天我可不怕你了。"不料足被虎牙划破，不久死去。从此她的后代就属于虎氏族。

牛屎雀氏族传说：山上有一树洞，牛屎雀在洞内做窝下蛋。某日有一骑牛人路过洞口，他伸手入洞掏雀蛋。突然那牛狂奔乱跳，骑牛人手腕被折断而死。从此他的子孙就属于牛屎雀氏族。

树蕨氏族传说：从前有一人上山归来，路过大河，见水流湍急，无法渡过。正寻思间，忽见一棵树蕨横在河两岸，并见许多蚂蚁沿树蕨而过。他想，众多蚂蚁都能过去，难道独我一人不能过吗？于是踩着树蕨过河，刚到中间，蕨断落水而死。从此他的子孙就属于树蕨氏族。

此外，类似这样的传说还很多。各村寨图腾传说的内容虽有一些差异，但归根结底都是说明其祖先曾经死于某种动物或植物，因而他的子孙就以某种动物或植物作为氏族的名称。

克木人的各氏族成员对于代表其氏族的动植物图腾都怀有十分敬畏的感情。譬如，虎氏族的成员不能去观看、触摸别人打着的老虎，更不能吃虎肉；水鸟氏族的成员不能捕猎水鸟，更不能吃水鸟肉。但是，凡本氏族图腾以外的动物则不在禁忌之列。凡有猎获某种动物之家，则以此种动物作为氏族图腾的氏族成员都严禁去他家串访，甚至在一月以内连水都不能去喝一口。因为在克木人的意识里，若捕食作为自己氏族名称的动物就等于捕食自己的祖先。这真切地反映出在氏族社会里，全体氏族成员对其祖先的崇敬之情。

根据上述克木人的图腾传说及有关情况，我们可以得出如下几点认识：（1）图腾是作为氏族的标志或名号。在氏族社会中，每一血缘集团（氏族）都是社会的基本单位，对内的生产、生活、祭祀等活动都是集体地进行，与外氏族之间互相通婚、交往也是以氏族集体的名义进行，因而这些氏族集团就需要有特定的名号彼此区别，才便于交往和接触。克木人总计以 20 多种动植物作为各氏族的名称。在人们的意识里，凡同氏族的成员有一种特殊的感情。若水鸟氏族的人到某寨去串访，那么某寨内凡属水鸟氏族的成员均报以格外亲切的接待和爱抚，即使是素不相识的人，只要他姓水鸟，就视如亲戚一般。（2）氏族图腾往往与其死去的祖先相联系，或者引申出图腾就是自己氏族的祖先。人们为什么会得出这样的概念？克木人最初可能没有自己的姓名，只有氏族的名称（图腾），他们的众氏族长在生前就以自己氏族代表的资格和自己氏族图腾的名义对外氏族进行各种交涉活动。譬如说他代表水鸟氏族向孔雀氏族交涉某件事情时，就可称自己为水鸟，反之孔雀氏族的代表（氏族长）也称自己为孔雀。当其氏族长死后，他的子孙们也就把水鸟、孔雀等各氏族的名称（图腾）与死去的祖先联系了起来，把图腾与祖先视为一体，进而声称自己就是某种图腾的后代。把某种动物或植物视为自己氏族的祖先，不单克木人是这样，其他很多民族也有这种情况。值得注意的是，克木人称氏族图腾为“达”，“达”的意思是老人。他们崇敬自己的祖先“达”，所以对于代表其氏族祖先的图腾也就禁止触摸和捕食，否则认为是一种最大的罪过。（3）克木人的图腾多数是各种动物，只有两种野生植物。这是一种比较典型的原始图腾制度，它确实反映了古代克木人的社会生产方式。古代克木人在进入母系氏族社会以后，在相当长的时期内，主要是进行狩猎活动，附带也进行采集，所以他们的氏族图腾乃以各种动物为主，植物次之，还未发现以其他自然物作为图腾的。由此我们是否可以这样说，各民族中氏族图腾的产生，其上限是在母系氏族社会初期。后来到了父系氏族社会，人们的图腾又发生了变化，在发达的父系社会里，人们主要从事原始农业，所以这时的氏族图腾除沿袭母系社会的图腾以外，又增加了一些农作物图腾。如傈僳族进入父系社会以后的氏族图腾，除了熊、虎、蜂、鱼、蛇、鼠、鸟、猴、狼、獐等动物之外，又增加了荞、麻、谷等农作物。看来，克木人的父系氏族还没有达到充分发展的地步，所以很少见以农作物作为图腾的现象。

三、克木人母系制向父系制的过渡

从调查的资料来看，过去克木人的氏族社会曾经经过由母系制向父系制过渡的时期，这个过渡时期相当长，以致到了解放后这种过渡的痕迹还十分清晰地反映出来。这表现在如下几方面：

第一，克木人中有女性氏族也有男性氏族。据说过去的团鸡氏、树蕨氏、破脸狗氏、小瓦雀氏便是女性氏族，而水獭氏、野鸡氏、豹氏便是男性氏族（但后来发生了交错混杂的情况）。这犹如我国古代传说中的女娲氏原为女性氏族，还有古姓中的姜、姬、姞、姚等字都从女，原来都是女性氏族，而张、王、李、季等姓原来都是男性氏族。在同时期内既有女性氏族也有男性氏族，说明正处在母系制向父系制的过渡阶段。当此过渡阶段完结之后，这些姓氏随之就不依性别而混杂起来了。

第二，女随母姓，子随父姓。时至现今的克木人家庭中，仍然保持着女儿跟随母姓（图腾）属于母亲氏族，儿子跟随父姓属于父亲氏族的特殊习俗。一个家庭之中，根据这个原则，就很自然地分为两半边。这也生动地表明克木人曾经经过纯粹的母系制社会，然后又从母系制向父系制过渡。众所周知，在母系制社会里，最初盛行群婚制，社会生活是以妇女为中心。“在一切形式的群婚家庭中，谁是某一个孩子的父亲是不能确定的，但谁是孩子的母亲却是知道的”① 因此，无论儿子或女儿都是随母姓的。后来到了母系向父系的过渡时期，就出现了如像克木人那样的儿子随父姓、女儿随母姓这种权力逐步转移、母权与父权平分秋色的局面。西双版纳勐海县的布朗族中也存在若干氏族和派生氏族，不过布朗族的氏族都已不是用某种动植物命名，而是以氏族长之名命名（如达坦氏族、达少壮氏族）或氏族长担任的头人名称命名（如召曼氏族、老干氏族）。而且在氏族内的成员间已产生了母子（女）连名制，随后又产生了父子（女）连名制。

第三，妇女的社会地位并不低。解放前克木妇女除了不担任村寨头人外，其他社会活动、经济活动都与男子处于平等的地位，妇女可以参加氏族的、村寨的各种集会。在节庆会上，她们席地而坐，潇洒自如地手击铜鼓、钹和铓锣等乐器，或演唱克木歌曲。妇女在家庭中掌管经济，与男子共同处理经济开支。

第四，共同祭祀男女氏族祖先。克木人最隆重的节日就是祭祀男女氏族祖先。由于有克木仂（本地克木）和克木老（老挝迁入者）之分，因而祭祀氏族祖先的规矩也有所不同。克木仂是由各家分头祭祀，不设宴请客。克木老则是全氏族一起祭祀，要设宴请客，并由供奉氏族祖先的一个世袭长子作为主祭人。每年秋收以后（傣历二月，阳历 12 月底），主祭户就发出一种用树叶包着草烟和树皮的“请帖”，同时告知祭祀日期。凡本氏族的成员及众亲戚接到“请帖”都要赶来参加。全村的人也被邀请参加。祭祀的 3 天之内，众人身着盛装，尽情唱歌跳舞，主人则招待水酒、

① 《马克思恩格斯选集》第 4 卷，人民出版社 1972 年版，第 97 页。

肉食、红薯和芋头。宴会上还有歌舞助兴，由妇女们击打各种乐器，边击边唱，同时有几个男子踩着铜鼓的节拍，跳起刀舞和拳舞，鼓声悠扬，一片欢乐的气氛。克木人称这个节日为“骂格勒儿”，译作“吃红薯”，意思是秋收了，大家来欢庆一番，怀念祖先。待到客散以后，主祭人才用猪下颌骨一副、筷子一双、竹勺一把放在竹箩里，挂在氏族神所在的火塘上，祭祀即告完毕。值得注意的是，克木人所祭祀的氏族祖先不分性别，一体看待。这与某些已确立了父权的民族在祭祀氏族祖先时只祭男性祖先迥然不同。

第五，从妻居与从夫居同时并存。克木人实行氏族外婚和一夫一妻制。凡同氏族的人，不能通婚。又根据盛行的子随父姓（氏族）、女随母姓的原则，兄弟之女与姐妹之子都分别属于不同的氏族，是属远亲，可以通婚。然而兄弟之子与姐妹之女虽亦属于不同的氏族，但属近亲，不可通婚，若通婚就“等于亲兄弟娶亲姐妹为妻一样”。堂兄弟与堂姐妹也不同姓（氏族），但他们都是近亲，不可通婚。所以克木人的婚制一是氏族外婚，一是近亲不婚。若有青年男女违反这个规矩，即被人视为猪、狗一般，必须举行一种带惩戒性的“同槽吃食”的仪式。所谓“同槽吃食”就是把糠和水倒进猪槽里，命此违规的男女二人学着猪叫，爬到猪槽就食。同时由另一男子手提斧头从二人的上空劈下，意思是向雷神认错，以后不要劈打他们二人了。又由另一妇女提一桶水向他们泼去，意思是向水中龙王认错，以后请龙不要咬他们了。可见，过去克木人对于氏族外婚和近亲不婚制遵守甚为严格。晚近以来，由于同一图腾的氏族成员分散四处，了解甚少，氏族观念渐渐淡漠，也就发生了少数同氏族通婚的事例。如虎氏族、水鸟氏族、小瓦雀氏族的男女间都有少数是同氏族通婚的。过去在不违背氏族外婚和近亲通婚的前提下，男女青年的恋爱婚姻都非常自由，表现在谈恋爱期间，多是由一群男青年相邀去女家串访，由姑娘选择其中一个作为对象，然后再进入个别谈爱阶段。节日期间，一群男青年与一群女青年互相串访，借机谈爱的也是常事。这反映出过去母系制下群婚的残余。

母系制向父系制的过渡，突出地反映在从妻居与从夫居两种婚俗的同时并存。克木人的从妻居习俗经久未变，妙趣横生。按照这种习俗，男子先要上门从妻居住三四年，然后再把妻子接到丈夫家。若妻是独生女儿或她家缺少劳动人手，亦可终身从妻居住。当其婚期到了，由男家备办酒、肉、菜蔬等背去女家，这时女家不仅什么也不准备，而且故意把水倒掉，把火弄熄，女方的人个个袖手旁观，一切事情全由夫家来办理。新郎到了大门口，女家突然把门紧闭，让新郎在门外与屋里的新娘对歌，对得合心才给开门，对得不合心时新郎只好站在门外搜索枯肠。一般都要经过个把小时的周折才能把大门唱开。然后再把酒、肉等东西搬进去，开始料理宴席等事。景洪县曼播寨克木人的从妻居习俗尤有特点。在结婚那天，当男方的人快到女方村寨时，女家即派出一帮人去路上把守三道关口，不让随便通过，直等男方的人唱调子合心了才准他们通过。同时，新娘的母亲还要去路上迎接新郎，她用一块白布把女婿背在背上，手拿一把锄头，退一步挖一锄，直到自家门口。这时大门已经紧闭，男方的人又需费一番唇舌才能把门唱开。当新郎用猪头等祭过女家祖先后，新郎和新娘这才接受老人们的祝福和教诲。在勐腊县蚌索和王士龙等寨，结婚的当天还有几番折腾新郎的闹剧出现。当新郎等人背着东西到了女家，新郎正烧水烫猪时，忽有女家的人泼出一瓢冷水将火扑灭。新郎只好重新把火燃起来，谁知又是一瓢冷水过去将火扑灭。新郎就这样为了烫洗一头猪忙得不可开交，好不容易把猪烫洗干净，正要开肠破肚时，女方忽又闪出一帮人来拖着猪头，要抢走猪肉。这时男方也不示弱，也跑出一帮人来拖着猪脚，顿时在场上你拖我拉，乱作一团，旁观者笑得前仰后合，不亦乐乎。如果男方拉不赢，就要出一点钱作为猪的赎取费，如果女方拉不赢，也就顺水推舟罢了。待到正婚的第二天，男方的人才获得上宾的资格，可以坐着安安逸逸地等吃等喝，一切由女方安排。克木人的先从妻居后从夫居以及在从妻居婚制下的种种习俗说明什么问题呢？说明了人们在由母系制向父系制的过渡过程中，要经过很多矛盾和微妙的斗争。

总而言之，解放前西双版纳克木人社会尚处在原始农村公社阶段，而且在村社内部还保存有很多上一历史时期的氏族制的遗迹。克木人的氏族制遗迹和婚姻习俗具有鲜明的特征，清晰地表明了他们曾经经历过由母系制向父系制的过渡时期。对于克木人村社和氏族制的研究，可为原始社会史的研究提供颇有特点的生动实例。

（原载《云南社会科学》1983 年第 1 期）

云南傣族社会由领主制向地主制的过渡

一

解放前，云南傣族封建社会的历史发展，包括领主制和地主制两个阶段，但由于各地区的具体历史条件不同，这两个阶段的发展程度在各地显得很不平衡，大体说来可分为以下 3 种类型：

西双版纳和德宏的陇川、瑞丽等县以及耿马、孟连的大部分地区，领主制还比较完整，其中西双版纳最有代表性。在这类地区，领主的大土地所有制构成其全部生产关系的基础。傣语说“喃召领召”，意即“水和土都是官家的”（“召”译作主子或官家）。封建领主通过古代遗留下来的、已经封建化了的农村公社这种组织形式，将土地分配给农奴耕种。农奴在领得份地之后，必须向领主支付劳役地租和实物地租。农奴对于自己所经营的份地只有使用权，不得转让或买卖，若迁离村寨必须先将土地交还领主的代理人（“老叭”、“老鲊”等当权的头人）。傣族人民要向领主“买水吃，买路走，买地住家”，甚至农奴死了还要“买土盖脸”。农奴对领主的人身依附关系亦相当严重，这突出地体现在西双版纳“召片领”（意即“广大土地之主”）的封建法规中。法规规定：“只要头足下地（指脱胎）就是召片领的奴隶，长在头上的亿万根头发（比喻臣民）都是召片领的财产。”领主出嫁姑娘时，甚至可以把大片土地连同农奴当作陪嫁品。此外，这类地区还保存着较完整的、已封建化了的农村公社，领主即利用这种村社对农奴实行劳动编组，榨取农奴的膏血。在村社内部，由于农业与手工业紧密结合，自给自足的自然经济占统治地位，商品经济很不发达。所有这些都是领主制的基本特点。

以景谷、新平、元江为代表的紧靠内地的傣族聚居区，领主制早已崩解，大致在清代中叶就已形成了与内地基本相当的地主土地所有制。解放前，在这类地区盛行土地典当和买卖，社会贫富分化甚为严重。例如，元江县元江坝有70%以上的土地已属红河街的汉族、傣族地主所有；景谷县江东乡那腊寨及东巴寨的傣族农民已全部沦为汉族和傣族地主的佃农。地租的剥削率一般是产量的50%，高者达产量的70%～80%左右。①

德宏地区的梁河、盈江、莲山等地，近代以来，其土地所有制形态发生了巨大的变化，即由领主制向地主制转化，而这一转化的整个过程又比较集中地反映了傣族封建社会经济发展的基本特点。本文试图就这一问题提出个人的看法，就教于读者。

二

德宏地区傣族社会由领主制向地主制的发展，是与汉族长期而深刻的影响分不开的。

我们知道，傣族与祖国内地在政治、经济、文化方面的联系，自汉代以来就日益增加，边缘一线尤以德宏地区与内地的交往较为频繁，受先进因素的影响亦更加深刻。明代对麓川地方政权屡次用兵的结果，大批内域军民相继进入德宏地区。统治者在取得军事胜利之后，为巩固其在当地的统治地位，曾在这一带实行屯田制度，于是许多内域士兵投入了农业耕作，同时还特地从四川、湖广运进大批耕牛，供云南各地屯田之用。② 清中叶以前，在永昌府之腾越厅辖境内，先后开办过若干矿厂，如雍正六年

① 中国科学院民族研究所、云南少数民族社会历史调查组编：《傣族简史简志合编》，第127页。

② 《太祖洪武实录》卷一百八十四、一百八十五记载“洪武二十年八月……丙寅，遣右军都督佥事孙茂，以钞二万二千锭往四川市耕牛万头，时将往征百夷，欲令军士先往云南屯田预备粮储故也”；“洪武二十年九月……乙巳……湖广都指挥使司言，前奉诏以靖州五开及辰沅等卫新军选精锐四万五千人于云南听征，今又令市牛二万往彼屯种，请令诸军分领以往，庶免劳民送发，从之”。

（1728年）开办阿幸铁厂，乾隆八年（1743年）开办安库山铜厂，嘉庆五年（1800年）开办邦发银厂，嘉庆六年（1801年）又开办冷水箐金厂、金龙箐金厂和魁甸金厂。① 伴随着这些厂矿的开办而来的，是掌握了一定先进技术的内地人民大量进入边疆地区。到了清代末叶，更有大批汉族劳动人民进入德宏的梁河、盈江、莲山各地。他们从内地带来了先进的生产工具和技术，例如水碓、水碾等就逐渐在傣族村寨中建设起来，仅芒市的那目寨迄至解放时为止，已有水碓60余座。进入德宏的手工业者如木匠、石匠、铁匠、陶瓷匠等，亦陆续地长期住下营生。过去德宏所用的犁铧，一部分系由腾冲买进，这时则可直接由内地汉族匠人在德宏铸造。以上这些先进生产工具和技术的不断输入，具有重大的意义，这种外来的先进技术一经当地群众所掌握，即有力地促进了当地生产力向前发展，成为德宏地区傣族社会由领主制向地主制过渡的一个重要力量。

但是，对于近代傣族社会经济的发展起着直接的决定性作用的，还是内地商业资本的输入以及由此而兴起的高利贷的盛行。下面我们就着重讨论这个问题。

根据文献及调查资料可以看出，德宏地区至清中叶以后，商业资本获得了空前的发展，因而引起社会一系列深刻的变化。在清光绪以前，由腾冲到八莫（今缅甸之新街）的大商道虽未修通，但内地四川、湖南、广东、广西各省的商人已不断进入腾冲前线的梁河、盈江、莲山一带。运进的商品有针线、绸缎等类。也有一些人在“走夷方”的引诱下，进入德宏地区，先是经营凉粉、米线等小生意，后来逐渐扩充商业资本和经营范围而发家致富。

到了清光绪年间，腾冲至八莫大商道修通，进驻梁河、盈江、莲山等地的汉民日益增多。据清代人的记载：光绪十六年（1890年），南甸（梁河）所辖十二甿（相当于乡）约七千户，其中汉人占十分之八；干崖（盈江）所辖九甿约六千户，汉人不及十分之一；盏达（莲山）所辖五甿约三千户，汉人占十分之一。② 随着大批汉民的进入，德宏地区的商业日

① 清光绪《永昌府志》卷二十二。

② 黄炳坤：《巡查边境情况上王制军书》，载《永昌府文征》卷二十二“清十一”，第5页。

趋繁盛。商人中除行商、坐商外，还有不少专营旅栈者。在腾冲至八莫商路沿线，出现了一些热闹街镇，例如对蛮允、小新街曾经有如下描述："蛮允距旧城九十里……属南甸土司管，居民一千五百余户，汉夷杂处，商务繁盛，客栈五家，庙寺四所能容五千人宿营"；"小新街距蛮璋街十里，属干崖土司管，居民百五十余户，汉夷杂处，街市繁盛，人马栈七家……"① 这些以傣族、汉族人民为主所建立的街镇，是内地来往客商和马帮住宿的地方，也是各族人民进行贸易的集市。当地的傣、景颇、阿昌、崩龙（德昂）等族人民在这里出售一部分粮食、水果和各种土特产，购回他们所需要的生产工具和生活日用品。内地商人运来的犁铧、布匹、鞋子、绸缎、丝线、纸伞等物在此出售。有的商人为了追求利润，还不畏千里行程，深入边区收购各种珍贵特产。如清代文献记载，永昌府出产"象、象牙、琥珀、水晶、墨玉……宝石，以上诸物皆出于外地，有千余里者，有数千里者，贾人裹粮行数十日始至其处，购之甚难，货之亦甚贵，若宝石、琥珀、墨玉之类则尤其贵且远者……"② 而有的商人则把干崖、芒市等地的米谷运至腾冲一带贩卖。

抗日战争期间，滇缅公路通车以后，德宏边疆与祖国内地的经济联系更加密切了，商品货币经济又有所发展。不仅公路沿线的街镇进一步繁荣，而且商业贸易深入到农村，不少傣族和景颇族农民亦投入季节性的商业活动。例如，潞西县法帕寨兼营商业者占全寨总户数的30%；芒市那目寨286户中，即有小商35户，共计本金29 000元（"半开"——银币）。其中有些商人还专跑缅甸做生意，去时带上黄牛，变卖成"卢比"后，再购回锄头、针线、牙膏、牙刷、打火机等物品，在芒市一带出售。

19世纪末期，德宏地区在商业日益发展的同时，亦出现了为帝国主义经济侵略服务的买办商人。这些商人往往与官僚、封建领主有密切联系，有的本身即是大地主，因此他们具有明显的买办性和封建性。1885年，英帝国主义侵占全缅甸后，便在缅甸的八莫和孟艮（景栋）开矿山设工厂，并企图建筑铁路，建立起向滇西及滇西南入侵的基地。同时法帝国主义侵

① 李根源：《滇西兵要界务图注钞》，载《永昌府文征》卷二十五"清十四"，第11页。

② 清光绪《永昌府志》卷二十二。

占越南、老挝后，也以老街、莱州、丰沙里为基地，向滇南入侵。帝国主义对云南边疆的经济侵略，在初期主要是以买办资本家作为桥梁。买办商人开设商号、茶庄，为帝国主义倾销过剩商品，从中牟取暴利。德宏地区由于交通比较便利，商业也较发展，帝国主义的经济侵略尤其显著。据民国初年腾越商务调查："入口货以棉花、棉纱、棉布……哔叽、洋火、煤油为大宗。余如洋铁货、磁货、洋伞、燕窝、海菜、干鱼等类，销数亦巨。所入之货，在腾越销售者百分之十一二，其余则销之本省各府州县，四川、贵州亦可销少数。""出口货以黄丝……石黄、牛皮、牛角、丽江马匹数者为大宗。余则为铁锅、纸张、篾帽、鸡鸭蛋、棕盖等类。"① 大批外货进口的结果，致使每年入超数目相当惊人。光绪三十二年（1906 年）腾关商情统计："进口洋货，共值关平银一百四十四万三千二百十六两，去年则有一百七十四万八千八百二十两"；"出口土货，查本省迤西一带土产……出口共值关平银二十三万六千七百八十三两"。而且以上进口货必须以净银购买，这样每年入超数竟达净银一百二十万至一百五十万两左右（行商小贩之数尚不计算在内）。帝国主义还有计划地抬高英属殖民地货币"卢比"的价格，贬低华银的价格，以此掠夺我国财富。例如，英人"以二钱九分银币当华银六钱余分使用，流行于我腾（冲）永（昌）一带"②，并且还通过奸商偷运白银出境，只用其"卢比"三十四两四钱四分，换我足银一百两，然后再把生银铸"卢比"来侵占我市场。由于大批洋货充斥我市场，使得我民族商业贸易遭受极大的打击。当时代表民族资本的舆论界人士以焦虑的心情写道："腾越为滇缅通衢，商务素称繁盛，自英距缅甸，影响所及，我……商业家受一绝大打击……退居于劣败淘汰之数。近十余年内，如和顺、绮罗、大董、东练等缅腾关间之商号，倒闭者不下三四十家。"③ 不仅有的商业家被迫关门，就是民间手工业和农业的某些部门也遭到摧残。例如，轩岗坝原为德宏产棉区，自从洋纱、洋布侵入后，植棉业变得十分萧条。这就是 20 世纪初期，英帝国主义趁我德宏地区商品货币经济日益发展的时候，以少数买办商人为中介，加紧侵入我边疆的

① 《云南杂志选辑》（1960 年刊），第 180 – 181 页。
② 同上书，第 178 – 179 页。
③ 同上书，第 177 页。

事例。

明清以来，德宏地区由于交通条件的改变和内地商品经济的大量输入，从而促使各县、各村寨间的商品交换日益频繁。频繁的商品交换不断冲击着长期自给自足的农村公社壁垒。首先，我们可以看到，这时为了适应交换的需要，相继出现了一些为交换而生产的手工业和手工工场，如铸铧业、制陶业、织布业、盐厂等等。以织布业为例，下缓线这个仅 28 户的村寨，至解放前夕，已有织布机 22 架，经常织布者 7 人，全年生产花布 428 件，其中除 94 件自用外，其余 234 件均在市场出售，其收入有的高达家庭总收入的 50% 左右。① 可见这时的某些手工业为了适应市场的需要，已开始与农业分离，这又使得交换的范围逐渐扩大，从而促进了商品经济的发展。德宏地区商品经济的发展，引起了两个方面的深刻变化：一方面，越来越多的农民被吸引到市场上来，农民之间的分化日益加速。盈江县芒环寨即是一例。芒环寨位于旧城之西南，大盈江之东，该寨坐落在大路旁边，是来往客商必经之地，过去大盈江水运的货物多从这里上岸。近代以来，在内地商业资本的冲击下，芒环农民有的也逐渐转入商业活动。最初商业活动仅限于农闲时期帮大商人挑运货物，顺便携带少许物品进行买卖活动。当时全寨经商的仅有 4 户，每年赢利 1370 元（银币，下同）。但到 1940 年至 1950 年，经商活动有了发展，在此期间为他人运货并附带经商的有 16 户，每年收入 1920 元；买卖牛马的 16 户，每年赢利 3300 元；买卖草烟的 6 户，每年赢利 2160 元；买卖纱线的 4 户，每年赢利 580 元；买卖煤油、布匹、衣服、鞋子、食盐的 7 户，每年赢利 1130 元。② 商品经济的发展，促使了农民的两极分化，出现了土地买卖的情况。芒环寨在 1952 年以前的 20 多年时间内，即有 4 个农户出卖 10 箩籽种的田地而沦为贫农，同时有 10 个农户共买进 38 箩籽种的田地（其中在本寨买 5 箩，向外寨买 33 箩）。据民主改革前统计，芒环全寨 51 户，其中上升为富农的 1 户，富裕中农 10 户，中农 25 户，下降为贫农的有 15 户。③ 盈江县官纯寨，除有一般商业活动外，有的还做大烟生意，因而阶级分化十分明显。

① 《德宏傣族景颇族自治州社会概况·傣族调查材料之二》，第 101 页。

② 《傣族社会历史调查材料·德宏地区材料之八》，第 80 页。

③ 同上书，第 78－83 页。

全寨有106户，其中地主2户，富农6户，小土地出租5户，中农30户，贫农27户，雇农36户，地主经济已经形成。① 另一方面，由于商品经济的发展，封建领主对奢侈品的需求也日益增加，而剥削农民的收入这时还不够开销，于是在多数农民贫困化和领主需要大量货币开支的情况下，高利贷应运而兴。内地商人以其剥削收入的一部分贷给领主和农民，日久之后，领主因偿不清债务而出卖私庄或领地，农民因负债而典当份地的情况就盛行起来。

土地的自由买卖，标志着土地所有权的转移。在领主制统治的衰落期，土地自由买卖的过程即是领主大土地所有制向地主土地所有制转变的过程。因为在领主制的衰落期以前，领主在政治上的主权与经济上的土地所有权合而为一，最大的封建领主即是其所辖区域内土地的所有者，“王土”之内不允许自由买卖土地。但是，当商品经济和高利贷发展起来，领主开始出卖私庄、领地或直接以私庄田租给农民，进行地租剥削之后，这种领主大土地所有制就逐步向地主土地所有制转变，领主的政治主权与土地所有权逐步分离，直至领主政治、经济制度的全面崩解。② 正如马克思曾经指出过的：“土地所有权底转化为商品是旧贵族底最后的颠覆。”③

德宏地区，地主土地所有制最早出现在原属干崖土司辖区的今盈江县。17世纪90年代，该地土司即将辖境内的一批土地卖与腾冲汉族商人，以后莲山、梁河陆续发生了土地买卖情况。特别是到了20世纪20年代以后，土地买卖和租佃关系都有飞速的发展。在盈江，曾有一个土司（领主）于清末去日本留学，花银数万两，因而将大量土地出售，以后回国又改革了某些土司旧规，学习内地地主的剥削方式，把私庄田用招佃的办法租给农民，收取地租。从此盈江的土地关系中，地主制就占了相当大的比重，至解放前夕，盈江的盏西区已形成了与内地相同的地主土地所有制，农民不再向领主交纳官租而直接受地主、富农的剥削。从盈江全县情况来看，地主、富农所占的土地比例很大。据土改时的材料，没收和征收地、

① 《傣族社会历史调查材料·德宏地区材料之八》，第91页。

② 解放前，景东、景谷等傣族地区，领主在政治、经济制度方面已全面崩解，地主制早已确立。

③ 马克思：《1844年经济学哲学手稿》，人民出版社2000年版，第45页。

富的8 631箩籽种的土地，产量约376 754箩，没收和征收的土地占全县土地面积的17.49%。莲山地区，自腾冲商人王、李、寸三家迁入该地以后，他们先是扩大商业资本，集中财富，然后通过高利贷集中土地。至1928年，王家每年收租约10万箩，估计占地万亩。人们对当时的王家曾有“王半盏”之称，意即集中了盏达区土地的一半。① 莲山县太平街地主制的发展情况尤其突出。按解放初期的统计，太平街居民132户（汉族125户，傣族5户，景颇族2户），其中有19户地主，占全街总户数的15%，集中了土地8 000亩。若再加上36%的小土地出租者，则全街51%的户数均全部或部分地靠地租剥削为生。② 这8 000亩土地集中在地主手里，主要是近代以来商品经济迅速发展的结果。

在莲山和梁河等地区，还有部分属于地主所有的土地，是从“屯田”和“练田”演变而来的。明代统治者三征麓川后，随即将麓川辖区内的部分土地收归国有，作为“屯田”或“练田”封给随军有功的军官。农民耕种这种土地，应交纳“屯租”或“练租”。清中叶以后，这些“屯田”和“练田”即由军官的后裔辗转买卖，其中大部分为商人所购买，小部分为富裕农民所购买，从此，“屯田”和“练田”也就变为地主富农所有了。

在商品经济的冲击下，遮放、芒市等地也开始向地主经济演变。一方面，领主对土地所有权的控制已不甚严格，而农民已有比较多的对于土地的使用权和支配权，即在保证领主能攫取一定数额的官租和劳役租的前提下，农民可以自由转租或抵当其份地；另一方面，领主为了自身能获得更多的利益，也主动采取地主的剥削方式。例如，在20世纪初期，遮放土司曾经招集芒市等地农民，开垦了500多箩籽种的荒地（约2 000亩），划入私庄田，其中一部仍征派农民无偿代耕，另一部分则出租给农民，按时收取实物地租。至解放前夕，芒市土司及其属官仅在那目寨就出租有107箩籽种的私庄田，租率为50%以上。盈江的土司及属官，将其部分土地按地主的剥削方式出租给农民后，每年征收的地租共计4万箩左右。这是由封建领主制直接转化为封建地主制的一种形式。但是又必须看到，在遮

① 《德宏傣族景颇族自治州社会概况·傣族调查材料之二》，第118－119页。
② 同上。

放、芒市等地区，领主的大土地所有制还没有完全被突破，土地的最终所有权仍然操在当地最高统治者土司手里，因为尽管分给农民耕种的份地已经可以自由转租、抵当，但还没有涉及土地所有权的转移问题，谁占有使用这份土地，谁就必须向领主交纳一定的官租。

三

在盈江、梁河、莲山等交通比较便利和商品经济比较发展的地区，由于地主土地所有制已有一定的发展，社会内部引起了一系列深刻的变化。

首先，在社会阶级结构和各阶级对于土地的所有权方面，出现了与领主制较完整地区显然不同的两种情况。如前所述，在领主制较完整的地区，领主辖境内的土地都是领主的私有财产，广大农奴只有土地使用权，耕种份地则必须向领主支付劳役地租和实物地租，并且还要遭受种种超经济剥削。而在地主所有制有所发展的地区，由于土地的辗转买卖，不仅很多商人成为地主，就是过去长期只有土地使用权的农奴和新兴的手工业者，也有少数成为拥有一小块私有土地的自耕农或小土地出租者或富农。由于土地的自由买卖，农村中的阶级分化日益加剧起来，例如盈江芒捧寨共有 12 户，全寨有 108 箩籽种的土地。地主 1 户，占有 57. 7 箩籽种的土地，占总面积的 52. 8%；富农 1 户，占有 14 箩籽种的土地，占总面积的 13%；中农 4 户，占有 22 箩籽种的土地，占总面积的 20. 4%；贫农 4 户，占有 15 箩籽种的土地，占总面积的 13. 9%。可见，在芒捧寨作为主要生产资料的土地，大部分已归地主、富农所有，而占总户数 2/3 的贫农和中农主要靠佃耕土地为生。① 基于土地所有制的改变，劳动者在人身依附的程度上也相应地起了变化。领主制下的农奴，除了要给领主支付劳役地租、实物地租以及承受种种超经济剥削外，甚至迁离村寨都受限制，必要时领主还可把农奴当作陪嫁品或赠送品，赠与他人。而地主制下的农民，一方面每年必须把占产量 50% 以上的粮食作为地租交纳给地主，遭受沉重

① 《傣族社会历史调查材料·德宏地区材料之八》，第 81 页。

的剥削；但另一方面由于他们与地主之间的关系主要是建立在契约关系的基础上，因而对于地主的人身依附程度较之领主制下就相对地减轻了。

其次，商品经济的发展，土地买卖的盛行，突破了封建领主长期以来用以麻痹和剥削群众的封建化的农村公社。在傣族领主制尚完整的地区，大小领主都是利用农村公社这种组织形式，对农奴实行劳动编组，以份地制度把农奴束缚在土地上，任其剥削。农村公社在这类地区之所以保持得这样长久，主要是由于生产力的低下、商品经济的落后等因素所决定的。但在地主制已有所发展的德宏地区，由于生产力的提高和商品经济的发展，土地作为一种商品在村寨内和村寨间辗转租佃或出卖，从而就促使了农村公社逐渐解体。在这类地区的村寨中基本上已没有村社公有的土地，更无定期调整分配份地的制度了。正如恩格斯在《反杜林论》中指出的："公社的生产品采取商品的形式者越多……那末，公社个别成员的财产状况也越加变成不平等。旧的公社所有制也越加深刻地被破坏，公社也越加迅速地趋于瓦解而转为小所有者——农民所组成的乡村。"①

最后，我们还可以看到，随着社会经济的发展，近代以来德宏地区的社会矛盾更加复杂和尖锐化了。领主阶级为其奢靡豪华的生活，倍加压榨农奴，而作为地主阶级代表的清朝统治者对边疆一带的控制亦日益加强，并通过册封傣族土司以统治边疆各族人民。这样，广大群众与封建领主及清朝统治阶级之间的矛盾越发尖锐，群众的斗争此起彼伏。例如，在一百多年前，德宏轩岗坝的傣、景颇、崩龙等族人民因不堪芒市土司的压迫，曾经联合起义。起义者在一个名叫"布幸额门"的领导下，坚持与土司武装战斗，动摇了芒市土司的统治。后来由于清政府派腾越总兵率军前来帮助土司，才将起义镇压下去。但是，群众斗争的火焰并未熄灭，接着在芒市一带又爆发了各族人民的联合起义，起义者拒绝交纳官租，并将土司派去索租的爪牙杀死。

地主制的不断发展，日益威胁到领主集团的切身利益，因而地主与领主之间的矛盾也不断发生。解放前，莲山地区历次的民族械斗，都是傣族中的领主集团和以汉族为主的商人地主集团为争夺自身利益而挑起的。所

① 《反杜林论》，人民出版社1956年版，第166页。

谓民族械斗，只不过是他们用以欺骗和利用群众的一个幌子。如 1924 年莲山的那次械斗，当地的领主集团就喊出“兴夷灭汉”的口号来欺骗傣族群众，而实际上乃是他们要反对太平街的商人地主集团。①

解放后，西双版纳、德宏、景东、景谷等傣族聚居区先后实行了土地改革，粉碎了领主制度和地主制度，建立了人民公社，发展了生产。现在，傣族人民在党的领导下，正和全国各族人民一道，为实现四个现代化而努力奋斗。

（原载《民族研究》1980 年第 4 期）

① 《德宏傣族景颇族自治州社会概况·傣族调查材料之二》，第 119 页。

木器时代初探

以往学术界一般的学者根据考古发掘资料和文献资料，证明人类生产工具的发展，曾经过石器时代、铜器时代和铁器时代三个阶段。这是举世公认的事实，也是学术界所取得的光辉成就之一。然而这是否可以说，此种认识已经完美无缺，已经完全反映了客观事物的发展规律呢？否，历史现象是十分错综复杂的，人们要认识历史的真谛、反映历史的本来面目也并非轻而易举，必须经过历史学家、考古学家、人类学家和民族学家们的通力合作，根据大量的实物印证和文字记载的分析研究，从而才有可能逐步把握真相，还原历史的本来面貌。笔者阅读了以往民族学家和民族工作者的一些调查报告，并根据亲身参加民族调查所搜集的资料，逐渐领悟到人类在石器时代之前确曾经历了一个相当悠远的木器时代。术器作为生产工具，既发生于旧石器时代之前，又延续使用到整个石器时代，甚至到铁器时代初期仍有它的尾声。

过去一般的学者，根据已经发掘到和掌握到的实物资料和文献资料得出那样的结论，本是合乎逻辑的。但是，却又忽略了这样的事实，即所有木器之类的生产资料，有它极易受水、空气、昆虫及其他物质侵蚀、分解和吞噬的特性，尤其在那荒远的原始时代，人们根本没有保存木质工具的要求和条件，所以一切原始时代的木器早已腐蚀殆尽，也就很难找到它们的踪影了。因之，人类老祖宗给我们留下的遗踪就只是那些石器、骨器、陶器、贝壳之类不易被腐蚀的东西，但我们不能因此就否定木器时代存在的可能性。

根据笔者的体会，世界上万事万物都有其发生、兴盛和消亡的运动规律。人类生产工具的发展史也不例外，前一历史时期的工具到下一个历史时期，仍以占非主要的地位继续使用，形成重叠状态。譬如石质工具，它发生和兴盛于原始社会的石器时代，却废弃于阶级社会初期的金属时代。原始人类使用的木质生产工具更是发生和广泛使用于旧石器时代之前，但到了整个石器时代仍旧继续使用。甚至在某些原始民族地区，到了铁器时代初期，还部分地使用木质工具进行生产。这是拙文的一个主要观点。

人类是从古猿演变而来。古猿在漫长的生活斗争中，为适应环境的需要逐渐学会了直立行走，从而使手和脚有了明显的分工。然后又利用双手制造最简单的生产工具，制造工具乃是人和猿的分水岭。恩格斯曾经说过："劳动创造了人本身。"① "劳动是从制造工具开始的。我们所发现的最古老的工具是些什么东西呢？根据所发现的史前时期的人的遗物来判断，根据最早历史时期的人和现在最不开化的野蛮人的生活方式来判断，最古老的工具是些什么东西呢？是打猎的工具和捕鱼的工具，而前者同时又是武器。"② 恩格斯上述理论的精神是正确的。但问题在于最早历史时期的人，他们所制造和使用的打猎、捕鱼工具到底是些什么东西？按照一般流行的说法，认为最古老的工具乃是旧石器，而这正是笔者提出质疑的地方。过去也有少数学者曾经对此提出过异议，但未得大家的公认。笔者根据了解到的一些资料进行研究之后，确信原始人在旧石器时代以前相当长的时期中，已经制造和使用木质生产工具了。拙文拟就此问题进行初步探索，意在抛砖引玉，敬聆学术界同仁们的指教。

拙见以为旧石器时代以前的人类首先制造和使用木质生产工具是十分自然的。原因是木棒等原料俯拾即是，加工容易，用于采集狩猎比较轻便有效，而且人类的形成确与制造木质工具分不开。在荒远的古代，古猿所处的环境，到处是古木参天的原始森林，禽兽虫鱼甚多，古猿为了生存乃构木为巢或穴居野处。古猿利用双手或借助于天然木棒采集野果、野根或猎取虫兽等为食。后来经过若干万年的观察、体验，终于发现尖形木棒是猎杀动物的锐利工具，后来就逐渐学会把木棒的一端在粗石上磨尖，或用天然石片砍削木棒，以猎取动物。这样的劳动即是真正人的劳动的开始，

① 恩格斯：《自然辩证法·劳动在从猿到人转变过程中的作用》，载《马克思恩格斯全集》第20卷，人民出版社1971年版，第508页。

② 同上书，第513页。

标志着古猿转变为猿人。

从我国古文献上可以看出祖先们在远古时代生活、使用木质工具的情况。当时的人们尚处在十分蒙昧的状态，吃的是“鸟兽虫鱼草木之食”①，婚姻关系是“无上下长幼之道，无亲戚、兄弟、夫妻男女之别”② 的杂乱婚，人们“饥即求食，饱即弃余”③，当时“人民少而禽兽众，人民不能胜禽兽、虫蛇……构木为巢以避群害”④，为了生存下去乃“伐木杀兽”⑤或“剥林木以战”⑥。所谓“伐木杀兽”、“剥林木以战”就是折取木棒或制成木尖棒进行狩猎活动和原始战争。

在汉文古籍上可以找到不少有关木质工具的记录。若进一步考察某些汉字的结构，尤其一目了然。例如汉文中的“枪”字，左边从木，原来在我国古代即称木尖棒和竹尖棒为枪，用以投掷击兽的木尖棒叫作投枪，尖头的竹木片用来编成篱笆叫作枪篱笆⑦，后来到了石器时代、金属时代，木质的枪上才安置以石矛、铜矛和铁矛，但依旧叫作枪。又如“槌”字，左边从木，右边从追，“槌”在古代原是一种木质的狩猎工具，利用木节隆起的部分打击野兽，可以手握追击也可以投掷。有趣的是汉文的“杀”字，其上方好似一种武器刺穿了目标，而下方从木，说明古代人作战或杀兽首先使用的是木器。犹如解放前墨江县圭墨寨的布朗人在他们祭祀祖先时，宰杀猪、牛都不用金属刀，而沿用坚硬的栗木尖棒从肋骨一侧刺入心脏。⑧ 分布在印度东北边远地区的康尼亚克人，他们大量养猪用作祭品，杀猪时不用金属刀，必须使用竹刀。⑨ 这与有的民族“在青铜和铁使用了很久以后，石刀……仍然受到崇敬，宰杀祭祀用的一切牲畜都还是用石刀

---

① 《淮南子·修务训》。

② 《吕氏春秋·恃君览》。

③ 《白虎通·号篇》。

④ 《韩非子·五蠹》。

⑤ 《商君书·画策》。

⑥ 《吕氏春秋·荡兵》。

⑦ 《吴语》。

⑧ 中国科学院民族研究所、云南民族研究所：《布朗族调查材料之一》，1963 年 1 月，第 75 页。

⑨ 苏联东方研究所主编：《南亚少数民族》，1978 年莫斯科俄文版；载中国社会科学院南亚研究所、云南历史研究所合编：《南亚译丛》1981 年第 2 期，第 61－62 页。

……克尔特人和日耳曼人杀人祭神时也只能用石刀”① 是一个道理，反映了古代人确曾大量地使用木器，随后又发展到大量使用石器进行狩猎生产和战争，即使是有的民族早已跨进文明的门槛，金属工具已普遍使用，仍然恋恋不舍远古祖先们的生产工具和生活方式，而在祭祀的场合真切地再现出来。

下面就注重用一些民族学方面的资料，来看看世界偏僻地区各落后民族使用原始木器的情况。

澳大利亚东南部的塔斯马尼亚人，还停留在旧石器时代的早期，他们已经开始打制旧石器，但仍然广泛地制造、使用木质生产工具。塔斯马尼亚人在欧洲殖民主义者侵入以前尚处在原始部落社会阶段，他们在原始公社制下过着一种游猎的生活，不知农耕，也不饲养家畜，完全靠采集、捕鱼和狩猎为生。他们比较常用的猎取袋鼠的一种方法是用篝火包围兽群，当野兽企图逃跑时乘机用长矛掷杀。塔斯马尼亚人主要的工具是矛和棍棒，他们完全不知道使用弓箭。值得注意的是，他们所使用的矛是由一根细长的硬木制成，长约 10 英尺，将硬木的一端放在火中烧过一下，并使之变得尖锐。人们尚不知在矛上镶嵌石尖或骨尖。这种矛可以准确地投到 40 码以上的距离。棍棒和投掷棒也是用硬木制成，长约 2 英尺，一端较粗，人手执较细的一端，既可作手棍又可作投掷器用。塔斯马尼亚人平时用两根木棒摩擦起火，用火来打猎、加工木料和烘烤食物。他们用木刀从岩石上挖取贝类，男人们喜欢竖起目标投掷木矛和棍棒作为娱乐。②

生活在西南非洲的霍屯督人是一种游牧民族。他们采集植物的根、茎、叶、种子和野果。捕鱼使用的工具是简单的木矛，用骨或兽牙制成的钩，用树皮纤维制成的网和鱼笼。人们打兔子和其他小动物是用一种圆头棒，也就是顶端有瘤结的投掷短棒，他们能把短棒掷出 100 英尺以外而准确地击中目标。象、犀牛和其他大型动物是由大队猎人用矛猎取，当受伤的野兽攻击猎人时，其他的人就从后面掷矛刺杀。有时也用装有尖桩的陷

---

① 恩格斯：《自然辩证法·劳动在从猿到人转变过程中的作用》，载《马克思恩格斯全集》第 20 卷，人民出版社 1971 年版，第 450 页。

② 乔治·彼得·穆达克著，童恩正译：《我们当代的原始民族》，四川省民族研究所 1980 年版，第 1－18 页。

阱猎取野象、斑马、大羚羊和其他大动物。①

在北美印第安人中曾经使用过木棒或木杖，即一端较粗可以作为打击工具和武器的坚硬木棒，特殊形状的木杖被用作投掷的武器。在产竹地区，人们用竹造成竹矛、竹刀、竹箭、竹针及其他器皿。②

世界上有些民族当其发展到定居或半定居从事于原始农业之后，除了继续使用新石器、骨器，有的已开始使用金属工具外，仍然部分地使用木质工具进行生产。

大洋洲的美拉尼西亚人，在欧洲殖民主义者进入前已开始了初期的农业耕种。他们种植块根植物和果树，把树木砍倒烧光之后，用木尖棒耕地。通常用小木棍的尖端在石板上摩擦取火，有的地方用木钻法或木锯法取火。狼牙棒是一种广泛使用的武器，通常是用棕榈木做成。矛有简单的和复合的两种，复合式的是用轻的竹子或芦苇和重的木头做成。简单的矛又重又长，多半没有专门的矛头，有时用木头、骨头或黑曜石制的矛头。简单的弓是用棕榈木制成，弦是用棕榈枝制成。箭是用芦苇制成，箭镞用木、竹或骨头制成。③

居住在巴西边境，位于亚马孙河西北的威土土人，他们生活在繁茂的丛林中。尚处在父系氏族制社会的威土土人，已开始了原始农业，但也经常进行采集、狩猎和捕鱼。他们已经使用石器，但大部分本地的工具是用木制的。他们在丛林中耕种土地，男人们用火烧倒大树，用石斧砍倒小树。焚烧之后，用木头的掘土棍整地、播种或插枝。人们肉食的大部分来源于狩猎。用藤制的装有倒刺和毒尖的轻矛猎取大动物，如鹿、貘等。由于没有弓箭，就用棕榈木做的吹箭筒猎鸟兽、天竺鼠、食蚁兽、猴子等小动物。有的猎人还在森林小道上堆放滚木，用以压兽或设置底部插尖桩的陷阱。捕鱼的工具有用棕榈纤维织成的网和鱼篮，有带双刃竹尖的特制的矛，有木制成或荆刺制的钓鱼钩。威土土人作战时，最爱在晚上进行偷袭，当到达敌人住地以后，就突然猛冲进去，用沉重的毒矛和硬木制的双

① 乔治·彼得·穆达克著，童恩正译：《我们当代的原始民族》，四川省民族研究所1980年版，第306页。

② 柯斯文：《原始文化史纲》，人民出版社1955年版，第56－57页。

③ 托尔斯托夫等主编：《普通民族学概论》(第一册)，第75－77页。

刃木剑向敌人袭击。①

我国云南省西北的独龙族，解放初期只有2200多人（目前有4000多人）。解放前，独龙族尚处在父系氏族公社的解体期。大致在19世纪中叶以前独龙族还是十分原始落后的，据说："百十年前，还有许多独龙人住在岩洞和树林里，过着穴居野处的生活。"独龙人历史上曾经使用过石器，1956年在孔当村挖得磨光石斧一把。解放前，还使用天然石块摩擦加工粮食。近百年来，铁质砍刀由外地输入，独龙族"才由木石并用时代跃进到铁、木、石并用时代"。农业方面实行刀耕火种，农具有用来挖地的小木锄（"洽卡"），播种时用以戳洞的木棍。采集野生植物时也有用小木锄的。狩猎的主要工具是弩弓，弓背弓柄用坚硬的栗木制成，弓弦用麻索，箭镞有铁质和竹质两种。约在20世纪初期，小铁锄开始从外地传入使用。②

西双版纳山区的布朗族，解放前还处于原始农村公社阶段。人们主要从事于刀耕火种轮歇抛荒的旱地农业，近百年来已从外地陆续输入铁质砍刀、斧子、镰刀，晚近又输入小铁锄和大铁锄，但在生产中仍然普遍地使用木、竹质工具。木尖棒和竹尖棒是他们戳穴点种时必不可少的工具（有的后来已在尖端安上小铁铲）。收获时则用木弯棍清打谷穗。农闲时，用一个木纺锤纺纱，用两个竹筒、一块木挡板、一根竹签引线的原始腰机织布。狩猎时，还使用木弩、木（竹）箭头射击鸟兽；或在野外设厩，内拴小狗一只，虎豹闻声前来捕食，前脚踏着木板牵动滑机，大树迅猛砸下，将野兽压死。人们钓鱼不用钩，只用一根树枝上拴几寸长的麻线，线下端穿一条泥鳅作饵，鱼来争食时连根儿吞进肚里，钓鱼人速将树枝拉回，左手随即用圆形布袋把鱼接上岸来。这样的原始狩猎、采集法还很多，不一一列举。

云南金平县第三区的苦聪人，解放前处在父系家庭公社阶段，他们从事一种粗放的旱地农业。农作物以玉米为主，亦种少量旱谷。"生产工具

---

① 乔治·彼得·穆达克著，童恩正译：《我们当代的原始民族》，四川省民族研究所1980年版，第287－297页。

② 全国人大民委会编：《贡山县四区独龙族社会经济调查报告》其中之一篇《贡山县孔当、丙当、学哇当独龙族社会经济情况调查报告》，由杨毓才等同志整理。

分木质和铁质两种，以木质为主，铁工具甚少”。木工具有木棒和木镢头两种。木棒主要用于挖野薯野菜和戳穴点种，木镢头是利用树干的自然形状制成，状如小锄头，主要用于挖穴点种玉米，其次用于采集。狩猎在经济中起辅助作用，狩猎工具有火药枪（外地购进，量少）、弓弩、木棒、竹签、绳索等等。① 而牛塘寨的苦聪人，农业工具除以铁器为主外，也经常使用木锄、木点竿、锹等工具。木锄用坚硬的树杈砍成，是挖窝播种的主要工具。木点竿也是播种工具，将细木棒削尖而成。木锹是用木棒砍成扁平的刃，用来挖土打洞。②

根据上述例证，可知木质工具在人类社会生产史上曾经起过举足轻重的作用。若我们沿着各民族的社会发展阶段往上追溯，就会发现两种现象：一是木质工具越来越多，二是制作木器的方法越来越原始，亦即最晚用铁工具砍削，往上用铜质工具、用石质工具砍削，再往上就不借助其他母具来制作木器了。这条发展轨迹看来还是清楚的。可不是吗？比较原始的塔斯马尼亚人，虽说他们已开始使用旧石器，然而主要的狩猎工具都是木质的，木工具在生产中占绝对的优势。特别是木矛的制作是用火烧棒的尖端使之尖锐，而不用石刀、石斧砍削。这可以证明制作原始木器并非一定要使用人工打制的石刀、石斧等石工具作为母具，它或者是用火烧法制作，也可能用天然石片砍削，或直接在粗石上摩擦制造。

威土土人的工具发展，代表了另一种类型。威土土人已开始了早期农业，但采集和狩猎仍是经常的。他们使用的主要工具之一是石斧。用石斧砍小树，造独木舟，可能也用来制作掘木棍、木刀、矛、木尖桩等等。这时的木工具显然已经是第二手的工具了，从数量上说它不如塔斯马尼亚人的木工具多，从质的方面说它已从属于石器而居于次要的地位。换言之，木器时代已经结束，但木器作为第二位的工具仍大量地使用。威土土人的木质工具，亦可说它是旧石器时代的一种延续。

独龙族生产工具的发展又代表另一种类型。独龙人已经进入早期锄耕

① 参见全国人大民委会编：《金平县苦聪人社会经济调查之一》其中之一篇《金平县第三区翁当乡新安寨苦聪人社会经济调查》，第38－39页，由徐志远同志整理。

② 参见全国人大民委会编：《金平县苦聪人社会经济调查之一》其中之一篇《金平县第三区翁当乡牛塘寨黄苦聪人社会经济调查报告》，第4页，由宋恩常同志调查整理。

农业阶段，刀、斧等铁工具已经使用，但木锄、木棍、木弓等原始工具在生产中仍占有一定的地位。这些木质工具是由铁刀、铁斧等砍削木料制作而成，所以它们是第二手的东西。因之，独龙族类型的木器，只不过是进入铁器时代以后原始木器的一种余波。

（原载《贵州民族研究》1982 年第 2 期）

宗教政策略论

宗教信仰是世界各民族历史上和现实生活中普遍存在的一种社会现象。宗教问题是马克思主义理论和革命实践中一个十分重要的问题。宗教虽说是社会上层建筑的一部分，是一个思想信仰问题，但是它无论在国际上或国内都有着广泛的群众性。据统计，目前世界各种宗教信徒约有25亿，占世界总人口的60%。在我国各民族中，世界三大宗教信徒亦有2 000多万。可以说，宗教问题牵动着亿万教徒的心灵和生活。中国共产党历来非常重视宗教问题及其政策。

马克思主义认为宗教的产生和存在，不仅是由于人类认识水平的限制，而且主要是由社会物质生活条件所决定的，是自然压迫和阶级压迫的结果。因此，我党的宗教政策必须服从于无产阶级领导的社会革命和自然革命这两大根本任务。而这个政策的出发点和归宿就是如何团结、教育广大群众（包括信教群众和非信教群众），领导群众积极完成社会革命和自然革命。在社会主义革命取得胜利之后，必须集中主要力量组织、引导广大群众大力发展生产和文化教育事业，为治穷、治愚而斗争。反之，如果看不到信教群众与不信教群众在政治上、经济上根本利益的一致，而片面强调信教群众与不信教群众在思想信仰方面的差异，甚至把它放在显要的地位，歧视和打击信教群众，这只能增加群众间的隔阂，刺激宗教狂热，给社会主义事业带来严重损害。

云南各民族中流传的宗教主要有佛教、基督教、天主教、伊斯兰教、道教和原始宗教。佛教又分为汉传佛教、南传上座部佛教和藏传佛教。信仰汉传佛教的主要是汉族、白族、彝族和部分拉祜族。信仰藏传佛教的有藏族、普米族、纳西族及其同支系的摩梭人。信仰南传上座部佛教的有傣族、布朗族、德昂族、阿昌族以及部分佤族。在傈僳、怒、纳西、汉、苗、彝、白、景颇、拉祜、佤等民族中有部分信仰基督教或天主教。回族则信奉伊斯兰教。原始宗教信仰在各个民族中都普遍存在。

解放前，云南的佛教（包括南传上座部佛教和藏传佛教）曾经长期被统治阶级控制和利用，作为剥削制度的精神支柱和麻醉群众的精神武器。基督教和天主教则是在近代伴随着帝国主义的侵略政策而来的。帝国主义势力紧紧地控制着它在云南的教会，并在部分群众中产生深刻的影响。

解放后，经过民主改革和社会主义革命，宗教的状况发生了根本的变化。诸如废除了宗教剥削、压迫制度，使广大信教群众摆脱了统治阶级的控制和束缚。经过"'三自'爱国运动"，基督教和天主教已成为群众自治、自养、自传的宗教，摆脱了外国教会的干涉和控制。经过这些变革，宗教方面的问题已主要地成为人民内部的问题。

从目前的情况看，宗教信仰作为一种社会意识形态仍有相当的群众基础。例如，在南传上座部佛教和基督教盛行的某些地区，过去几乎是全民信教，目前信教者仍占该地区总人口的半数以上。云南宗教问题的一个显著特点是在全民信教（少数人除外）的地区，宗教问题与民族问题密切联系。南传上座部佛教与东南亚各国亦有联系。所以宗教问题是一个十分复杂和敏感的问题，处理当否，对于民族团结、"两个文明"建设以及对于反帝、反霸、反殖的国际统一战线都将产生重大的影响。

我们党信仰马列主义，是彻底的无神论者，绝不信仰也不赞同任何宗教。但是，我们党却坚决贯彻执行宗教信仰自由的政策。早在民主革命时期就已规定："根据信教自由的原则，中国解放区容许各派宗教存在。不论是基督教、天主教、回教、佛教及其他宗教，只要教徒们遵守人民政府法律，人民政府就给以保护。信教的和不信教的各有他们的自由，不许加以强迫和歧视。"① 新中国成立后，在《共同纲领》和《中华人民共和国宪法》中对宗教信仰自由也都有规定。五届人大第五次会议通过的《中华人民共和国宪法》第三十六条明确规定："公民有宗教信仰自由。……任何国家机关、社会团体和个人不得强制公民信仰宗教或者不信仰宗教，不

① 毛泽东：《论联合政府》，载《毛泽东选集》（横排本）第3卷，第993页。

得歧视信仰宗教的公民和不信仰宗教的公民。”

那么，为什么党和人民政府要采取宗教信仰自由政策呢？制定这个政策的依据是什么？概括起来有以下三个方面：

第一，宗教信仰自由政策是顺应宗教产生、发展、消亡的客观规律的。

人类的祖先，在原始社会的最初阶段，由于思维能力非常低下，他们还不可能想到周围的客观世界与自身的关系，也不会去探寻各种自然现象发生的原因。所以，这时人们的头脑中还不可能产生宗教迷信观念。后来，当人类社会发展到原始公社的一定历史阶段，人的思维能力亦有相应的进一步的发展，于是，开始探寻自身及自然界的各种现象。但是当时的原始人仍不能理解人体的生理活动，特别是不理解做梦等生理现象的奥秘，因而产生了一种错觉，误认为在人体之外还有一种看不见的神秘莫测的东西——灵魂依附于人体。当人睡觉时灵魂就离开人体四出游荡，当人死之后，灵魂即长期脱离躯体而单独存在。这样就产生了灵魂不死的观念。同时，人们对于周围经常发生的各种自然现象，如风雷雨电、地塌山崩、自然灾害、人的生老病死等可怕现象，还不能作出正确的解释，结果在心灵中产生了另一种虚幻的错觉，认为自然界各种现象之所以千变万化，是由于它们像活着的人一样都各有灵魂，而且认为人的命运、祸福安危，就是被这些不可抗拒的神秘力量所支配。于是引起了对于各种自然现象和自然力量的崇拜，并竭力用供献物品、叩拜、忏悔等手段，祈求它们降福消灾。这样就逐渐形成了原始的宗教信仰——各种鬼神崇拜和自然崇拜。

在我国云南边疆各兄弟民族中，尚残存着许多古代社会的原始宗教信仰，为人们研究宗教的产生提供了生动的实例。例如，西双版纳的布朗族认为山有山鬼，水有水鬼，树有树鬼，坟地有坟地鬼，谷有谷魂，一切都在鬼魂支配之下。若是有人上山砍树回家得了病，即认为撞着了树鬼，必须备酒食到砍过的树脚边向树鬼悔过，祈求宽恕。在纳西、怒、傈僳、独龙等民族中都有对山神的崇拜。如傈僳族认为山神是保佑人们狩猎成功和庄稼丰收的神灵。又如沧源佤族把“鹿埃姆”、“鹿埃松”这两座山视为最大的山神。据传说，“鹿埃姆”是男性，必须用公畜祭祀；“鹿埃松”

是女性，必须用母畜祭祀。宁蒗县的摩梭人非常崇拜水神，住在泸沽湖附近的摩梭人每到农历七月份的洪水季节，便相邀到湖边去烧香叩拜，祈求水神保佑地方清吉平安。有的则去湖边的崖壁上贴咒符，再焚香向水神叩拜，祈求免除洪灾。摩梭人还认为凡人生疮化脓或眼中长肉刺都是水神作祟，患者要恭请“达巴”（巫师）一同去水井边祭龙潭，祭时不用腥荤，只放牛奶一瓶，请“达巴”念经，患者则焚香叩拜。

总之，原始宗教乃是原始人类由于思维能力非常低下，对于生理现象不了解以及对各种自然力量畏惧、无能为力而产生的，是自然压迫的结果。正如恩格斯所说：“一切宗教都不过是支配着人们日常生活的外部力量在人们头脑中的幻想的反映，在这种反映中，人间的力量采取了超人间的力量的形式。”①

进入阶级社会，广大劳动人民除了受到自然压迫之外，还受到统治阶级的压迫制度的支配。人们在这种强大的异己力量面前虽时有反抗，但往往遭受挫折、失败而不能摆脱受压迫的地位。人们在这种恐惧、绝望中产生了等待来世再过幸福生活的幻想，并把自己生活幸福的希望寄托于至高无上的神（上帝、真主、佛祖）的身上。在近现代资本主义各国，虽然科学文化已相当发达，但劳动人民却随时可能面临失业、饥饿、死亡等无法预测的情况。所以人们对于资本势力的恐惧，又成为资本主义世界宗教存在和发展的深刻根源。列宁曾经指出：“被剥削阶级由于没有力量同剥削阶级进行斗争，必然会产生对死后幸福生活的憧憬，正如野蛮人由于没有力量同自然搏斗而产生的对上帝、魔鬼、奇迹等的信仰一样。”② 另一方面，剥削阶级也深刻感到宗教意识在社会生活中的巨大威力，从而煞费苦心地设法去控制它、利用它来对被压迫、被剥削的劳动群众进行精神麻醉，作为维护其剥削制度的精神支柱。解放前，西双版纳的南传上座部佛教就是一种例证：南传上座部佛教的僧侣，从低到高分为“帕”（和尚）、“都”（佛爷）、“祜巴”（学识渊博的长老）、“沙弥”、“常卡拉乍”、“松领”、“阿戛门里”等7级。祜巴以上各级高级僧侣的升迁或撤换，须经傣

① 《反杜林论》，载《马克思恩格斯选集》第3卷，人民出版社1972年版，第354页。
② 《社会主义和宗教》，载《列宁全集》第10卷，人民出版社1999年版，第62页。

族最高封建领主“召片领”（广大土地之主）批准；松领和阿戛门里这两级最高级僧侣，一般只能由召片领或召勐（召片领管辖的一个行政区的统治者——土司）的亲属担任，而召片领也被称为“至尊佛祖”。封建领主又往往在宗教节日期间亲临佛殿，并以佛的名义加封头人。其意在于利用佛的权威来慑服众头人、百姓，加强其统治地位。

在社会主义制度下，虽已消灭了剥削阶级及其制度，宗教存在的阶级根源已经基本消失。但是由于社会生产力水平还不高，物质条件还不富裕，人们的文化、科学水平也还不发达，特别是旧社会遗留下来的旧思想和旧传统观念在人们的头脑中影响很深，不可能在短期内完全消失，加之国际上宗教势力的影响和国内一定范围内阶级斗争的存在，这些情况都是当今社会主义社会中宗教仍然继续存在的基本原因。

但是，马克思主义相信宗教最终是要消亡的。前提是只要宗教赖以存在的社会根源和认识根源不复存在，那么宗教也将随之消亡。而我们的任务就是要为宗教的消亡创造前提条件：首先，要团结和引导广大群众（包括信教群众）投入改造社会、改造自然的斗争中去。当前就是要同心协力搞好四化建设，实现在20世纪末使我国工农业年总产量翻两番的伟大任务。其次，我们必须大力发展文化、教育、科学事业，并正确地进行无神论的宣传教育工作。换句话说，当我们的物质文明和精神文明获得巨大发展的时候，人们彻底摆脱了贫困、愚昧的束缚，同时树立起科学的世界观，无须向神灵、上帝、佛祖和真主祈求保佑的时候，宗教也就自然消失了。但毫无疑问，这将是一个相当长远的过程。

第二，宗教信仰是世界观问题和思想认识问题。

宗教信仰者包括各阶级的社会成员，但是最基本的成员却是劳动群众。而且，宗教信仰主要是人民内部的世界观和思想认识问题。因此，马克思主义政党对于千百万群众的宗教信仰问题，只能采取信仰自由的政策，只能用引导教育的方法而不能采取强制的方法。企图用取缔、禁止等行政命令的办法解决宗教问题，只会激起人们的宗教感情，其结果反而使宗教更加发展。毛主席在民主革命时期曾经指出：“菩萨是农民立起来的，到了一定时期农民会用他们自己的双手丢开这些菩萨，无须旁人过早地代庖丢菩萨，共产党对于这些东西的宣传政策应当是‘引而不发，跃如也’。

菩萨要农民自己去丢，烈女祠、节孝坊要农民自己去摧毁，别人代庖是不对的。”①

宗教信仰既然主要是人民内部的问题，所以党的政策允许群众有选择信仰的自由。这就是说，每个公民既有信仰宗教的自由，也有不信仰宗教的自由；有信仰这种宗教的自由，也有信仰那种宗教的自由；有过去不信教而现在信教的自由，也有过去信教而现在不信教的自由。我们执行了这个政策，使宗教信仰成为公民个人的私事，任何人不能加以干涉，这样做比较有利于使信教群众与不信教群众团结合作，共同为四化建设贡献力量。

历史是一面镜子，借助它可以明察过去的成败而启示后人。实践是检验真理的唯一标准，凭借它可以辨别事理的是非曲直。云南解放后 30 多年的历程，给我们提出了许多值得深思的问题。在宗教政策方面既有成功的经验，亦有深刻的教训。从 1950—1957 年这段时期，党的宗教政策执行得比较好，表现在寺观教堂得到妥善保护，群众信教比较自由，宗教界人士到内地参观学习，有的还参加了政协的工作，从而提高了他们的爱国主义思想。当时的宗教界人士和信教群众都是心情舒畅地与党和政府合作，对革命和建设起到了较好的作用。但自 1958 年以后，“左”倾错误思想逐步滋长和升级，致使党的宗教信仰自由政策遭到了部分损害。在史无前例的“文化大革命”中，林彪和江青两个反革命集团肆意践踏党的宗教政策。在他们的路线指导下，大批寺观教堂和佛塔遭到破坏，许多僧侣被迫还俗，有的竟遭到批判斗争，精神和肉体受到摧残。人们每提及“文化大革命”的所作所为时，都禁不住怒火中烧，愤慨满腔。1976 年 10 月粉碎“四人帮”以后，特别是十一届三中全会以来，党的宗教信仰自由政策又获得了新生。许多被破坏了的寺观教堂得到修复或重建，人民群众又有了信教的自由，宗教界人士恢复了名誉，工作和生活得到妥善的安排，有的还到内地参观访问。总之，无论信教群众还是宗教界人士的心情都是空前舒畅，他们衷心拥护党和政府的各项政策，积极协助党和政府维护社会的安定团结，支持四化建设。

---

① 《湖南农民运动考察报告》，载《毛泽东选集》（横排本）第 1 卷，第 34 - 35 页。

第三，宗教问题往往与民族问题和国际问题相联系。

我国国内各个民族都不同程度地信仰原始宗教，而且大多数民族都分别信仰世界三大宗教中的一种。有些民族几乎是全民信仰某一种宗教，例如云南的傣、布朗、德昂等民族全民信仰南传上座部佛教，藏族全民信仰藏传佛教，回族全民信仰伊斯兰教（以上所说的全民信教系指大多数群众而言，也有少数不信教的）。久而久之，形成了某些宗教节日的内容与民族风俗习惯融为一体，因而宗教问题又往往和民族问题联系在一起。我们执行了宗教信仰自由政策，同时也就是在这方面尊重了民族的民主权利。反之，如果处理宗教问题时不执行信仰自由政策，也会酿成民族问题。这样的教训在历史上是屡见不鲜的。近者，例如在“文化大革命”期间，由于“四人帮”实行极“左”的反动政策，不尊重云南回民的宗教禁忌，加上其他因素，以致酿成后来的沙甸事件。十一届三中全会以后恢复了党的正确政策，经过多年艰苦的工作，才算妥善解决了这个问题。当然必须看到，宗教问题又不能和民族问题画等号，因为信仰一种宗教的往往是若干个民族，例如信奉佛教的除汉族外，还有藏、傣、白、彝、佤、布朗、阿昌、拉祜等众多兄弟民族，所以民族问题与宗教问题既有联系又有区别。

我国各民族信奉的佛教、基督教和伊斯兰教都具有国际性。例如，云南几个民族信奉的南传上座部佛教与东南亚各国信奉的南传上座部佛教同出一源，僧侣和信教群众长期以来都是互相交往、互相拜佛、和睦相处。因此，我们认真贯彻宗教信仰自由政策，必将产生重大的影响，这对于增强我国的国际声誉，团结各国人民反对霸权主义，维护世界和平都会起到良好的作用。

在贯彻党的宗教信仰自由政策中，特别要注意团结教育宗教界上层人士（如方丈、法师、长老、佛爷、活佛、喇嘛、教长、阿訇、会长、司铎等神职人员）。因为宗教界上层人士绝大多数是爱国的，而且他们与群众有较密切的联系，团结了他们，也就团结了一大批信教群众。多年来，宗教界人士也做了不少有益的事情，诸如维护宗教文物古迹、寺观教堂和植树造林等等。今后仍要安排好他们的生活，组织参观学习，不断提高其觉悟水平。同时还要组织他们参加爱国的社会活动、学术活动和必要的国际友好交往活动，调动其积极因素，为祖国的四化建设服务。

以上三方面是党的宗教信仰自由政策的主要依据。

在贯彻党的宗教政策中也必须注意到，我们既要反对“左”的企图用强制手段来解决宗教问题的错误倾向，同时也要反对右的错误倾向，必须加强党的领导，不能放任自流。党的政策明确规定，教徒不得违反四项基本原则，不得影响四化建设，不能干预政治、文化教育、司法和婚姻，不能恢复已废除的宗教剥削制度，宗教团体和宗教事务不受外国势力的支配。凡有违反的要根据情节进行严肃处理，触犯法律者也要依法处理。对于披着宗教外衣进行反革命活动的反革命分子必须坚决打击，依法惩处，也只有这样才能保护正当的宗教活动。

按照宪法的规定，我国公民享有宗教信仰的自由，但是这并不是说共产党人赞同宗教观念。共产党人，只有宣传无神论的义务，而没有信仰宗教的自由。但是在有些全民信教的少数民族地区，党员为了有利于联系群众，团结群众，开展工作，他们在宗教节日期间去参加群众性的集体活动而不去信仰宗教，不搞求神拜佛活动也是允许的。

最后探讨一下宗教的作用问题。宗教作为一种被颠倒了的唯心主义的世界观，在历史上和现实生活中主要起着腐蚀和麻醉人民精神的消极作用。所有的剥削阶级无不利用宗教的这种消极作用来欺骗人民、消弭群众的革命斗志，以达到维护其统治地位的目的。马克思说得好：“宗教里的苦难既是现实苦难的表现，又是对这种现实的苦难的抗议。……宗教是人民的鸦片。”① 宗教的这种鸦片作用是基本的，是应该首先看到的。不仅如此，历史上有的国家的统治阶级还以其政权与宗教紧密结合，对国内群众进行镇压，对外国进行扩张、侵略。例如，近代西欧和美国的资产阶级都曾利用基督教对亚洲、非洲、拉丁美洲各国进行扩张、侵略活动。另一方面，由于宗教具有广泛的群众性和强大的号召力，因而历史上的革命阶级和团体也往往利用宗教作为动员群众、组织群众进行斗争的有力武器。例如，我国东汉末年的黄巾大起义就是由太平道教所组织的，元朝末年以红

① 马克思：《〈黑格尔法哲学批判〉导言》，载《马克思恩格斯选集》第1卷，人民出版社1956年版，第2页。

巾军为主导的农民大起义就是由白莲教所组织的，而清代后期的太平天国革命又是以“上帝会”作为号召的。这些利用宗教为号召的农民革命运动都不同程度地打击和动摇了反动阶级的统治。此外，宗教的传播在客观上还起到了使各个国家之间和各个民族之间文化、艺术、思想交流的作用，这也不能忽视。至于宗教道德应作具体分析。如佛教所宣扬的不杀生、不偷盗、不奸淫等戒律，在阶级社会中只能约束善良的基本群众，却不能约束剥削阶级。在当前我国社会主义制度下，宗教的消极作用依然存在，但值得注意的是它的某些道德戒条和礼仪制度在客观上确实也起到了一些维护社会治安的作用，这种作用不宜一概加以否定。当然，这并不等于说我们要赞扬和维护宗教的长期存在，而是说应该全面地历史地看到它的作用。

四化建设和两个文明建设的重任摆在全国人民的面前，我们必须组织、引导广大信教群众积极投入到这场治穷治愚和富国富民的伟大斗争中去。同时也应加强共产主义思想、道德的宣传，用科学的世界观、人生观和道德观武装干部、群众的头脑。特别是要采取一些有效措施改善我们的宣传、教育、卫生工作。诸如今后在农村大力普及小学教育，扫除文盲；加强各类中等学校教育，提高科学文化水平；充分利用电影、电视、戏曲、音乐等群众喜闻乐见的艺术形式开展教育、宣传工作。至今在云南农村的一些边远地区和高寒山区，群众的文化生活还非常贫乏，他们迫切要求人民政府经常派电影队、文艺工作队下乡。组织巡回医疗队下乡是一个好传统，今后仍需坚持下去，解决群众看病难的问题。对于下乡工作和长期坚持在乡下工作的人员，给以优厚的待遇，是一项重要的正确的政策。总之，经过长期艰苦的努力，我们在物质文明和精神文明建设方面，必将获得丰硕成果。

（原载《宗教论稿》，云南人民出版社 1986 年版）

《云南省志·宗教志》概述

宗教作为一种社会意识形态，是人类社会发展到一定阶段的产物。其产生和存在的主要原因，是人类对客观世界各种奥秘的无知，对周围发生的吉凶祸福的根源不能正确理解而求助于神力的自我解脱。宗教又是一种社会组织或实体，有众多的教团组织，有繁复的宗教仪式、教规教律等等，宗教活动大多通过一定组织来实现。只有当人类物质和精神文明手段都达到可以解释一切客观现象的时候，宗教现象才会消逝，但这是十分漫长的历史过程。

全世界现有各种宗教信徒约25亿人，占总人口的60%。我国12亿人口中有宗教信徒1亿多人。云南26个民族中有相当数量的人信仰宗教。云南的宗教有佛、道、基督、天主、伊斯兰和原始信仰等6类。信仰汉传佛教的有汉、白、彝、纳西、蒙古、拉祜族中的部分人口；信仰藏传佛教的有藏、普米、纳西等族的大部分人；信仰南传上座部佛教的有傣、布朗、德昂、阿昌等族的大多数和佤族中的部分人；信仰道教的有汉、彝、纳西、瑶、苗等族中的部分人。近代以来，在傈僳、景颇、拉祜、汉、佤、怒、苗、彝、壮、白等族中，有部分人信仰基督教或天主教，回族信仰伊斯兰教。

总的看来，无论土生土长的原始宗教还是从外地传入云南的佛、道、伊斯兰等人为宗教，其共同的一个特点是它们在历史上都和云南各民族的社会、经济、文化艺术、风俗习惯密切联系，并在长期发展过程中成为各民族历史文化不可分割的一部分，因而直至现在仍然对人们的生产、生活、思想和文化教育产生不同程度的影响，甚至可以说，有的民族地区人们的心理特征、行为规范等，离开了宗教就很难得到正确的解释。因此，了解云南宗教的情况和问题，是了解云南省情从而建设好云南不可缺少的一个方面。

研究云南的宗教问题，不能脱离中国这个特定的地理概念和悠久的文明历史，不能忽视中国历史上没有发生过宗教战争这样一个历史事实。

宗教信仰是具有世界性的意识形态领域的一种现象。信仰宗教者不分民族、人种、语言、文字、环境、社会经济发展水平等一切差别，都在同一的教义教条信仰下形成一定的群众团体。为笃信宗教教义，不惜牺牲个人的一切，帝子王侯舍身，终生苦行不变。纵观世界历史上大大小小的宗教战争，多少人为此而付出血的代价，祸乱延及当今而不已，但是在中国则截然不同。中国从有宗教以来的几千年历史上没有发生过标榜宗教的战争。虽然有些农民起义领袖曾利用过原始信仰和宗教信仰来号召群众起义——从张角的黄巾军到义和团以至洪秀全的太平天国，都不是以一种宗教反对另一种宗教而战。每次农民起义的成功和失败，也不涉及宗教信仰的盛衰荣辱，原因何在？只能从东方文化的核心中去找答案。以儒家思想的伦理道德观念为中心的东方文化，几千年来培育了系统严密和宽容仁厚、礼让恭谨的社会道德标准。道教是中国古老文化母体孕育滋生的宗教，佛教是最先传入中国的外来宗教，以后天主教和伊斯兰教相继传入，历时最短的也有千余年历史。这些外来的和本土的宗教，教义信仰不同，经典教规各异，长期以来各自独立存在、发展，互不排斥，相安无事。首先是全社会在儒家思想影响下，培养了吸收一切外来文化中有益的东西来丰富固有文化内涵的开放精神；而通过和中国固有文化融合发展以后的各种外来宗教，也吸收了儒家思想中与自己教义合拍的思想形成新的教派。教派之间有信仰上的分歧，而无利害上的仇恨。这种互相吸收融合的结果，是从南北朝开始就有许多大儒同时信奉不同的宗教，提出儒、释、道合流的主张；许多僧道长老精通儒家经典翰墨，最终在中国形成儒、释、道互相渗融的格局。追本溯源，从孔子问礼于老子起，就奠定了儒家虚心好学、不耻下问的传统修养风尚，也为儒道两家的友善和平共处开了个好头。儒家思想以其完整、丰富、严密、深邃而在长时期内被称为儒教。但实际上它不具有宗教的性质，而是一种对人生持积极开放进取乐观态度的社会实践主张。唯其如此，就能正确对待各种不同的观点，尊重不同的意见，求同存异，和平共处。社会上也把斋僧布道奉为善举，视打僧骂道为恶行。这是儒家社会道德主张的潜移默化。其次，在这种社会文化基础上产生的延续了几千年的主张“仁政”“王道”的封建政治制度，规范着历代帝王将相无不利用宗教融洽来巩固其统治地位；官府对于管下的教徒，只要不是作奸犯科者，在一切方面都给以殊于世俗的优待。这些都为宗教徒创造了安静修持的良好环境。虽然在中国历史上也出现过北魏太武帝关闭大批佛寺、唐武宗下诏大批僧尼还俗的事，但这仅是历史的一瞬，没有给中国社会造成遗留问题。最后，世界上有许多宗教教派发展到现代，形成大大小小的政党，既是宗教，又是政党，党教合一，利用宗教势力为党派谋利已成当今时髦。而在中国则完全两样，宗教界绝无政党的介入，中央政权从来不受宗教的干预。以上这些埋藏在东方社会深层次的内在力量，规范着中国历史发展道路上没有发生过宗教战争。

中华人民共和国继承了中国历史上的一切优良传统。在宗教政策方面，按照毛泽东同志宗教问题为人民内部矛盾和与宗教徒建立统一战线的英明决策，40 多年来——除了“文化大革命”10 年特定历史时期外——国家一直认真贯彻宗教信仰自由政策，特别是中共十一届三中全会以后，对“十年动乱”中的错误行为作了认真的拨乱反正，极大地发扬了云南宗教界广大信教群众的爱国爱教精神和建设社会主义热情，广泛开展了与缅泰等邻近国家的宗教友好交流活动。云南各民族的信教群众，在努力安心改善自己经济生活的同时，心情舒畅地开展宗教活动，充实丰富自己的文化生活。

云南各种宗教的基本情况和特点如下：

一、原始宗教具有古老的典型性

原始宗教是处于初级状态的宗教，存在于尚不具有成文历史的原始社会中，人类宗教观念的产生和发展有一个长期的过程。元谋人和北京人还不能把自己同周围自然界区分开来，难以产生宗教观念。当时正从旧石器晚期的原始群走向母系社会的北京山顶洞人，已经按一定规矩埋葬死者，死者尸体四周撒有赤铁矿粉粒，认为人在死后以另一种生活方式存在下去，说明这时已产生了某种宗教观念。这种宗教观念与人类文明的曙光一起来到人间，是同人类摆脱动物性之后开始探讨人生与自然的奥秘，向往神圣美好的目标联系在一起的。

中华人民共和国成立前，云南有几个兄弟民族，如独龙族、布朗族、基诺族、傈僳族、怒族、佤族等，仍处于原始社会末期向阶级社会初期过渡的历史阶段，这些民族都保存有比较古老、典型的原始宗教。就是那些已经完全进入阶级社会的民族，如纳西、傣、藏、苗、瑶、壮、彝、哈尼、布依等民族中，也都不同程度地保存着一些原始宗教的残余形态，可以反映出他们过去原始社会的宗教意识。

云南各民族所信奉的原始宗教主要有自然崇拜、鬼魂崇拜、图腾崇拜、祖先崇拜和性力崇拜，其内容非常丰富生动，在原始社会意识中颇具代表性。例如，云南许多民族都崇拜天、地、日、月、雷电、水、土、木、石、风、火等自然物或自然现象，认为它们都有灵魂（鬼）存在，可以赐福于人，也可以降祸于人，所以人们往往举行各种祭祀仪式，祈求神灵赐福消灾。在20世纪50年代以前，这类祭仪较多，人们为敬神杀牲、购祭品等花费大量钱财，耽误农时。中华人民共和国成立后，人们逐步自愿地改掉祭祀中的许多陈规陋习，减少了浪费，有利于发展生产。图腾崇拜也很有典型性，云南许多民族都把某种动物、植物看作自己的氏族祖先而加以崇拜。彝、纳西、拉祜等民族普遍崇拜虎，认虎为自己的氏族祖先。傈僳族曾以多种动植物作为自己的氏族图腾，计有虎氏族、熊氏族、猴氏族、蜂氏族、羊氏族、麻氏族、竹氏族等20多种。西双版纳的克木人中各氏族，分别以水鸟、虎、豹、小瓦雀、野猫、白头翁、水獭、八哥、犀鸟、破脸狗、树蕨、细白花等为氏族祖先。对于这类代表氏族祖先的图腾，禁止触摸和捕杀，从中依稀反映出古老氏族社会的情景。

二、佛教、道教、伊斯兰教历史悠久，教派亦多

据文献记载，汉传佛教传入云南的起始年代，当在唐玄宗开元二年（714 年）。当时云南的晟罗皮已立为王，派遣宰相张建成入唐朝贡，“玄宗厚礼之，赐浮图像，云南始有佛书”。云南汉传佛教有与内地相同的禅宗，有与内地相异的阿吒力（密宗），还有清斋派、月斋派等名目。

南传上座部佛教在公元 7 世纪的隋末唐初时期经由缅甸传播到云南西双版纳地区，以后又传入德宏一带。其教派主要有摆润、摆奘、多列和左抵。

云南藏传佛教分布于迪庆州和丽江、宁蒗等县境。公元 7 世纪初，藏王松赞干布在拉萨建立了吐蕃王朝，势力扩展到滇西北地区，很可能此时的藏传佛教已传入云南迪庆藏区。但据有文献可考的资料证明，藏传佛教的噶举派是在公元 11 世纪末，由康区（现四川境）传入云南的德钦、中甸、维西、丽江、宁蒗等地的。以后的 12 世纪、13 世纪、15 世纪又有宁玛派、萨迦派和格鲁派相继传入云南。

三国时期，云南已开始有道教活动的迹象。唐初，南诏领域有道教的传播。据樊绰《蛮书·附录》载，唐贞元十年（794 年）正月，南诏异牟寻与剑南西川节度使巡官崔佐时盟誓于点苍山神祠，誓文说：“上请天地水三官，五岳四渎及管川谷诸神灵，同请降临，永为证据……”所谓天地水三官，即为天师道（五斗米道）的中心信仰，可见南诏彼时已接受天师道的信仰。元明以后，云南道教已有确凿记载，昆明的长春观为“元至大初建”。明代云南道教盛行，明初道士刘渊然、邵以正曾居昆明长春观布道。云南道教总的分为“正一”、“全真”两大系统，每个系统又分若干支派，如全真道又分为龙门、长春、天仙、清微、灵宝、真人、西河等派。

公元 1253 年，忽必烈平定大理，以蒙回混合军戍守云南，其中有一批士兵即是云南最早信仰伊斯兰教的“回回”。公元 1267 年，又有一批

“回回降民”随忽哥赤到云南，分住于昆明、昆阳、大理、丽江、保山、腾冲等地。云南伊斯兰教分为阁底目、哲赫林伊和伊黑瓦尼3个教派。

总的看来，佛教、道教、伊斯兰教传入云南的时间上起隋末唐初，下至元明时期，迄今最短也有五六百年、最长已有1 300多年的悠久历史。

三、南传上座部佛教和藏传佛教与各信仰民族的政治、经济密切结合，并具全民信仰特点

信仰南传上座部佛教的傣族和信仰藏传佛教的藏族都是聚族而居的当地主体民族。在民主改革以前，这些地区的社会经济形态还处于封建农奴制（领主制）阶段，所谓“普天之下，莫非王土；率土之滨，莫非王臣”，正是这种封建领主制的写照。在领主统治范围内的南传上座部佛教和藏传佛教，形式上几乎是全民性的信仰，上自领主，下至农奴，概莫能外。宗教节日活动是全民参加，宗教制度一致，祭祀礼仪一致。实质上这种宗教信仰又与领主的政治、经济制度密切结合，形成政教合一的或宗教依附于政治的体制，加深了对农奴经济上的剥削和精神上的奴役。

傣族地区历史上的南传上座部佛教，表面上政教分离，教不参政，但实际上所有大小领主都是佛教信徒，他们尽可能凭着权势利用宗教为其统治服务；凡高级僧侣的升迁必须获得领主的批准；最高的僧职“松领阿戛木里”必须是领主的近亲才能担任；寺院经济中的“佛寺田”和“波沾谷”已纳入封建领主经济的轨道。总之，领主制的统治充分地利用宗教，宗教则为了自身的发展又依附于领主制，从这个意义上讲，政教是相互依存的。

在云南藏传佛教流行区内，在中华人民共和国建立前，宗教与农奴制政治、经济的关系十分密切。如中甸归化寺格鲁派僧侣实际上控制着中甸地区藏族社会的政治和经济，成为云南藏族地区典型的政教合一制度。归化寺的最高权力机构为“吹云会议”，藏语“吹”代表宗教，“云”代表世俗封建贵族。参加吹云会议的“云”方代表有土守备2人，土千总1人，老民5人；“吹”方代表有寺总管“香追”1人，扎仓老僧8人，经

济科把总“觉厦迪哇”2人，宗教事务科把总“西苏迪哇”1人。吹云会议主要商讨全县的行政、宗教、军事等大事，中甸县以教区划分为八大“康参”，每个康参又辖若干大村。康参的职责是管理本教区的行政、宗教、经济事务。中甸政教合一制度十分明显。

四、基督教和天主教是在近代帝国主义入侵中国的历史背景下传入云南的

第二次鸦片战争（1857—1860年）结束，英法帝国主义强迫清政府订立《天津条约》和《北京条约》。在《天津条约》第十九款中规定：要“有效地保护到内地传教的传教士，为他们提供正常的签证”，并要中国政府“不得阻止任何中国人信仰基督教”。在这种历史条件下，西方大批传教士源源不断地进入云南。基督教和天主教在云南的传播，出现下面两种情况：

其一，有的传教士在传教过程中企图破坏中国的统一和民族团结，特别是挑拨云南少数民族与汉族的关系，以便分而治之。如在澜沧县活动的外国传教士在他们编写的读物中写下“汉人来了，我怕！”等语，挑拨拉祜族与汉族的关系。同时也用些小恩小惠，拉拢收买部分少数民族上层头人。在清朝末叶，由于部分天主教传教士在云南各地强设教堂，欺官压民、奸污妇女等行为激起公愤，酿成了昆明教案、浪穹教案、永北教案、阿墩子教案、个旧教案、白汉洛教案、维西教案、顺宁教案、宾川教案等群众性反洋教压迫的斗争。中华人民共和国建立后不久，在云南一些边境地区还有过传教士利用宗教组织暴乱的事端。

其二，外国教会为了传教和文化渗透的需要，在云南各地开办了一些医院、诊疗所、孤儿院、育婴堂等慈善事业，同时还开办了幼儿园、小学、初级中学、职业学校等各类学校，用拉丁语为几个少数民族创制了文字，这些都在客观上对云南的文化教育和医疗事业起了相对促进作用。而在孤儿院、育婴堂内，不断出现虐待儿童以致死亡的残酷情况，暴露了这些慈善事业的虚伪性。

五、宗教传播的深远影响

佛、道、伊斯兰等各种宗教在云南传播，产生了两方面的作用。一方面对社会、对群众的思想、人生观均产生了消极的影响，如佛教的出世思想、修来生、与世无争，以及道教宣扬的玉帝、神仙、符咒驱邪等思想曾经被统治阶级所利用，对于调和阶级矛盾，滋长消极意识均起了一定的作用。但另一方面不能不看到随着宗教的传播和发展，其戒律中的某些条款对社会曾起到有益的作用，如佛教戒律中的不偷盗、不淫邪、不诳语、不吸食鸦片等等，对于纯洁社会风气、弘扬中华民族道德情操方面均产生相当深远的影响。其次，随着各式寺院及道观的广泛兴建，先进的建筑工艺和技术由内地工匠传到大理、昆明等地，经过相互效学，然后在云南扎根、传播和扩展开来。这对于云南社会工艺技术和文化艺术的发展都起了促进作用。道教在云南的传播，其炼丹术、气功、健体术等也和全国各地一样引起了中外学者的重视和研究。藏传佛教的寺塔等宏伟绚丽的建筑艺术也给迪庆一带藏族地区的寺庙以深远影响。

云南边疆地区的南传上座部佛教是从印度经斯里兰卡、缅甸传入的。南传上座部佛教促进了印度文化、东南亚文化与中国云南各民族文化的相互交流，并创制了傣文。于是印度、缅甸、泰国的文学艺术在傣族地区得到传播，而傣族、布朗族、德昂族、阿昌族自己的口头文学和技艺、医药知识等也得以用傣文记录和流传。此外，云南边疆的南传佛教寺院既是宗教活动场所，又是儿童启蒙学校和文化中心，通过寺院培养出代代相传的僧侣和知识分子，这对于促进傣族地区社会文化的进步有着积极的意义。云南信奉南传上座部佛教的各族人民吸收了祖国内地的和外国的佛寺、佛塔建筑工艺，结合民族地区的建筑艺术风格，创造出一种独特的优美的寺院建筑工艺。

自从伊斯兰教传入云南后，为了传播《古兰经》、《圣训》的需要，经堂教育应运而生。近现代的各类中阿文并授学校、回民小学、回民中学也陆续兴办。云南伊斯兰学校还选派了留学生去阿拉伯国家留学，促进了中阿文化交流，培养出一批著名的学者、专家。

六、中华人民共和国建立后，云南各种宗教都经过一段不平常的历程

20世纪50年代前期，云南省各级人民政府贯彻执行了中央的宗教信仰自由政策。云南宗教界也从各方面支持改革，首先是响应全国的“三自革新”运动，从而使基督教和天主教成为自办、自养、自传的宗教，在组织上割断了与外国教会的联系。民主改革时期，宗教界拥护人民政府的改革措施，废除了宗教的封建剥削制度；摆脱了剥削阶级对宗教的控制，使宗教事务成为信教群众自己内部的事。但自1957年以后，在“左”的错误思想指导下，宗教界也不能幸免，如在僧侣和传教人员中由内部掌握划分左中右，把农村的部分寺观改作仓库或他用，伤害了信教群众的宗教感情。1960年以后曾对这些错误进行纠正，直到1963年云南宗教活动比较正常的时期。但从1966年“文化大革命”开始后，林彪、江青反革命集团进一步推行“左”的错误路线，使宗教界横遭一次大浩劫。云南省除昆明附近以外，各地(州)、县(市)的寺观、教堂、佛塔、佛像多数被毁，经书被焚，不少僧侣被迫还俗。1978年12月中国共产党十一届三中全会以后，经过拨乱反正，逐步落实宗教信仰自由政策。到1990年底止，云南各地的寺观教堂大部分得到恢复，已开放宗教活动场所近3 700处，其中佛教约1 600余所(南传上座部佛教1 400所，藏传佛教24所，汉传佛教200余所)、道教20余所、伊斯兰教630余所、天主教28所、基督教1 390所。① 在全省范围内出现宗教活动正常发展的时期。

(原载《云南省志·宗教志》，云南人民出版社1995年版)

① 参见云南省宗教事务局有关统计资料。

南传上座部佛教概论

一、源　流

（一）传　入

原在印度本土南部流传的佛教，在阿育王时期（约公元前 273—前 232 年）积极向南方推进，首先传至锡兰（今斯里兰卡），继而至中南半岛的缅甸、泰国、柬埔寨、马来西亚等国家，随后又经由缅甸相继传入我国云南省西南部边疆的傣族、布朗族、德昂族（原崩龙）、阿昌族等地区。这部分国家、地区的佛教，称作南传佛教，也称小乘佛教或南传上座部佛教。在传入时间上有以下几种意见：

第一种是先于中原传入说，其主要依据是傣族的民间传说故事，谓释迦牟尼巡游世界时曾经到过西双版纳、德宏等地，从而认为佛教传入云南傣族地区先于中原。但据考证，释迦牟尼布教范围，仅限于当时印度国土以内，并未到达云南境。傣族佛教信徒出于对释迦牟尼的崇拜，将后世僧侣的传教活动附会为佛祖巡游世界。这不能作为事实根据。

第二种意见认为佛教从缅甸传入云南傣族地区应当很早。但据文献记载，迟至明代中期（15 世纪）傣族才普遍信仰佛教。元朝时意大利人马可·波罗在中国旅游（1275—1292 年）时所著《马可·波罗游记》中记载金齿州的情况："其人无偶像，亦无庙宇，惟崇拜其族之元祖，而云吾辈皆彼所出。"又据明代《百夷传》说："其俗不祀先奉佛，亦无僧道。"说明元代直至明初，德宏傣族地区还不信仰佛教。德宏傣族地区普遍信仰佛教是在明代中期（15 世纪）以后的事。

据方国瑜《云南史料目录概说》（249 页）说：“马可·波罗此行从大都出发，经涿州、太原、西安、斜谷、成都、建昌，渡不里郁思河（金沙江）入云南，至押赤（今昆明），乃西行至哈剌章城（今大理），经金齿（今保山）入缅。”马可·波罗所到的“金齿”地区实际上只不过是今保山、腾冲及德宏部分地区，并不包括整个德宏地区。从瑞丽一带边境地区的民间有关佛寺佛塔的传说来看，佛教可能在公元 13 世纪晚期即已传入。

第三种是 12 世纪叭真入主勐泐（西双版纳）时传入说。主要依据是傣文《泐史》的记载：“叭真于祖腊历（即傣历）五四二年庚子（南宋淳熙七年，公元 1180 年）入主勐泐，其父给予仪仗武器服饰等多件，诏陇法名菩提衍者，则制发一虎头金印，命为一方之主，遂登大宝，称景龙金殿国至尊佛祖……”但根据后来发现的资料证明，叭真于公元 1180 年入主勐泐——西双版纳，称景龙金殿国至尊佛祖时，已是佛教传入西双版纳数百年以后的事。

第四种是中唐传入说，认为佛教传入傣族地区当与佛教传入南诏大体同时，骠国与傣族接受佛教大体同时。南诏的大将段宗牓还从骠国带回了金佛像，熔化后得金数千两。中唐以后，中印半岛的缅、泰、老等国以及中国的傣族都开始使用纪元计时法，这正是随着佛教传入，傣族吸收印度古代文化的结果。从此与傣族原有的干支计时法结合，形成了后来的傣历，其建元至 1992 年已有 1344 年的历史。此说也有一定道理，但因没有确切年代记载的资料作为依据，推理居多，说服力不够。

最后一种意见认为南传上座部佛教在公元 5 世纪左右传入缅甸南部，7 世纪以后即逐渐传入西双版纳一带，主要依据有五：

第一，据 20 世纪 50 年代尚存于勐混总佛寺内的《佛陀之教史话》（傣语称《旦南布塔沙萨那》）中记载：佛教自缅甸孟族地区传入西双版纳，建立这里的第一所佛寺——袜坝姐（Wabuajie）时为祖腊历纪元前二十三年（615 年）。

第二，据勐海县佛教协会的康朗庄说：“勐海大佛寺的大殿柱上有该寺建造年代。此寺从祖腊历十三年（651 年）开始动工，至三十三年（671 年）落成。坐落在勐海城郊的曼拉闷佛寺是与勐海大佛寺同时建成的，均为祖腊历三十三年。证据是：曼拉闷佛寺内靠殿后的第二棵厅柱上贴有100片金箔，这些金箔是一个名叫南麻达纳干宰的信徒所捐献，目的是祈求帕拉阿尼松佛拯救自己，柱上还用傣文记载说：'尼板纳巴宰约，混独若尼战，三十三年。'全句连贯起来的意思就是'祈求能真正得到佛祖保佑，直到死为止。三十三年'。"傣历三十三年即公元671年，时值唐代初叶。

第三，据勐海土司府所收藏的《地方大事记》手抄本记载："我勐海总佛寺于祖腊历三十三年完工，举行隆重的开光法会时，将到景洪敬请……总佛寺大僧正长老亲自前来主持法会。同年，勐海城子佛寺亦在达谢海（dahehai）建成。祖腊历七十五年（713年），达谢海寺迁至靠近城边的新寺——瓦迈，因同一城有两所佛寺，僧侣和信众常有争执，于祖腊历一一三年（751年）撤销新寺，合并到总佛寺来。……在蒲甘王朝的劫掠战争中，总佛寺被毁。祖腊历三七五年（1013年），全勐民众齐心合力，在原址重建砖木结构的瓦顶佛寺，扩大了范围，建立了布萨堂、两所藏经亭、两所鼓房、两院僧舍。随后又修建了两座寺塔。"

第四，另据松领勐混和刀学兴根据佛经《列罗》所记介绍说："召苏扎多将引达叭升为佛爷，并对他说，佛教在我们景迈已经得到发展，应该让景栋（缅甸南部城市）人也懂得佛教。乃率引达叭携佛经《桑比打戛》去景栋传教，又去景列建佛寺，升和尚。事毕，召苏扎多回景迈，引达叭留景栋，于是景迈、景栋、景列人彼此往还升和尚、拜佛，四时不绝。以后有召帕有者，领其子7人来景栋当召勐……傣历八十六年（724年），召帕有派佛爷西维苏坦麻书那自景栋来景洪宣扬佛法……佛教在西双版纳大大发展……"

从《列罗》所载，佛教传入西双版纳的时间在公元724年，与勐海曼拉闷寺厅柱上记载的时间公元671年比较来看，前后只相差53年。

第五，又据傣文经书《旦兰塔景恩》的记载，勐混地区的景恩塔是勐混第一代僧侣几达公满建造。景恩塔碑文记述在傣历一四一年（779年）、一一三三年（1771年）、一一三九年（1777年）修葺过3次。故景恩塔始建于唐代，是西双版纳古塔之一。

从以上五个方面可知，南传上座部佛教由缅甸最初传入云南省西双版纳应为公元7世纪的隋末唐初时期。

（二）传　播

从傣文资料可知，在15世纪中期，西双版纳傣族已普遍信仰南传上座部佛教。

当明英宗天顺元年（1457年），三宝历代被推为宣慰时，“人民群诣佛寺，面对佛像、佛经、住持三个佛之代表宣誓，并将誓词铭镌寺中，一部分贴金，一部分贴银。礼毕，大家遂各归本土安居”。

16世纪以后，云南南传上座部佛教获得了空前的发展。据《泐史》记载：祖腊历（傣历）九三一年（1569年），“缅王以公主娘呵罕（按：即婻巴杜麻波罕）妻宣慰使（按：即西双版纳召片领刀应勐）称金莲王后……祖腊历九三二年（1570年）庚午，金莲后生一子，取名刀韫猛，后并主建大佛寺一所……名金莲寺（傣语称‘袜波罕’）”。自缅甸公主婻巴杜麻波罕妻刀应勐以后，佛教在西双版纳进入大发展时期。

佛教传入临沧地区是在15世纪中期。傣历八二七年，明宪宗成化元年（1465年），孟定地区疾病流行，众百姓去缅甸的木邦拜佛了愿，求佛保佑消灾。随即由缅甸仰光大佛殿派出大长老经瓦城（曼德勒）、木邦至孟定传教，并建立第一所奘（寺）。傣历八三五年，明宪宗成化九年（1473年），南传上座部佛教由缅甸掸邦的勐艮（今景栋）传入耿马。时值耿马土司罕边法在位。当时芒雨寨百姓波岩望等4人到勐艮经商，因参与赌博，将银钱输光。4人闲游至勐坑一佛寺，听得诵经之声抑扬幽婉，询访寺中长老，长老告诉他们信佛的好处。波岩望等向长老求得佛像1尊，并由英达、转达两位僧侣护送到耿马。土司见佛像，十分欣喜，就在傣历八三五年（1473年）建寺于东门外半满燕。8年后，佛教又传播到耿马的勐角董、勐撒、孟定等地。到了傣历九一〇年（明世宗嘉靖二十七年，公元1548年）土司罕庆法时，又建盖景戈大佛寺（汉译“蛙佛寺”）以及袜广、袜蝶、袜允相、袜回坎等寺。到土司罕朝瑗以后，又建造袜坎（睡佛寺）、袜墨（小街佛寺）、袜勒（甘东寺）、袜楞（官佛寺）、袜东户（野佛寺）、袜吾（观音阁佛寺）等寺。于是南传上座部佛教就逐渐在耿马全县的傣族、佤族、布朗族、德昂族（原崩龙）地区传布开来。至清末和民国初年佛教的最兴盛时期，耿马县共有佛寺202所，长老和比丘705人，沙弥2 155人。16世纪下半叶以后，临沧、沧源、双江、镇康、永德等县的傣、佤、布朗等民族也接受了南传上座部佛教。①

南传上座部佛教传至孟连是在15世纪末叶（明宪宗成化十七年，公元1481年）。据《孟连傣族土司的历史》记载："第九代土司刀派忠也叫刀派清，这时由于孟连的强盛，过往客商很多。传说缅甸佛教盛行，孟连也想兴办佛教，就由几个大头人在傣历八四三年（1481年），由派法格、召朗巴嫩、法朗昏那哈丕、叭官龙四大头人为首，共领兵22人，随从二三十人……还带上银钵、金钵各1个，银瓢4把，银刀4把，缎子10匹……前往勐安瓦（按：即缅甸景栋），送给当地的土司。土司接待了客人以后，回送了大象2对、经书3本、菩萨4尊……佛教用的标刀、标枪、标矛等，全部交给孟连头人们。孟连头人们接了上述东西，就高高兴兴地回到孟连，盖了缅寺，建立了佛堂，让群众来滴水赕佛。"

佛教传入靠内地的景谷县傣族聚居地区，约在明末清初时，据《威远厅志》记载："大缅寺在威城（即威远城，今景谷县城）北门外，寺内有缅僧百余人，皆薙发，用黄布裹身，名缅和尚。寺中有塔二座，高三丈余，昔土官刀汉臣所建。（按：刀汉臣在清顺治元年为景谷土司）。"可见景谷早期的寺、塔迄今已有340余年的历史，南传上座部佛教传入景谷正当17世纪中期，到了清朝末期获得较大的发展。

二、教义（含教派）

（一）教　义

佛教的教义，无论汉传或南传基本上是一致的，都讲四谛、八正道、十二因缘。

① 据1963年的统计，临沧专区各县共有南传上座部佛教寺院263所、各级僧侣2 453人。

南传上座部佛教传播到云南的西南边疆地区后，其教义使广大群众获得精神上的寄托，同时也迎合了统治者要群众听天安命以巩固其统治地位的需要。这是南传上座部佛教能在云南边疆传播、发展的一个主要原因。南传上座部佛教寺里只供释迦牟尼佛像（在景谷和耿马受汉传佛教影响较大的一些佛寺除外）。

在云南的南传上座部佛教流行地区，关于四谛、八正道、十二因缘等教义，仅在高级僧侣、居士中有人能理解和传诵，而一般僧侣和信众，他们最易接受和信仰的却是有关善恶报应、天堂、地狱、轮回转生之说，所以在这类寺庙里充斥着天堂、地狱等通俗的图画。南传上座部佛教的教义精神，主张处世和平、慈悲为本，因而对于外界事物具有广泛的相容性和适应性。在传播过程中，为了赢得广大群众的支持，因而改变其原来不信鬼神和巫术的教旨，在傣、布朗、德昂、佤、阿昌等民族地区，容许人们既信佛教又信鬼神和巫术，容许在庄严肃穆的寺院里建造原始宗教的神祇处所和偶像，如土地神龛、寺院保护神龛、水神塑像等等。不仅如此，还容许管理佛教事务的僧侣兼管鬼事，替村民占卜禳灾。西双版纳山区的布朗族既笃信原始宗教也信仰南传上座部佛教，群众在每年播种旱稻之前必先请佛教僧侣卜卦，选择当年播种方向。德宏地区的阿昌族家堂里，既供奉祖先灵位和灶君，又供奉释迦牟尼佛。寺中沙弥、比丘在平时也要帮助群众送魂驱鬼。在祭祀地方神或寨神时，也仿佛教的做法，插上一对小彩旗。阿昌族的每座佛寺东北角，都要竖立一棵祭寨神时用的木桩或石柱，顶上放置一块木板或石板，作为敬祭释迦牟尼的标志。耿马县孟定地区傣族修建佛寺动工时首先要祭祖先神灵“丢无拉”，祭词说：“今天是好日子，良辰吉日才盖缅（佛）寺。我们心甘情愿，高高兴兴请各位祖先神来吃饭，吃完了饭菜请保佑我们。盖缅寺时，众人不生病……榫头要斗得合，梁柱切勿倒塌垮烂，木头、梁子、柱子不能砸伤、砸死人。……平平安安地盖完缅寺。”

（二）教派及其戒律

南传上座部佛教从印度南部传至勐兰戛（今斯里兰卡）、缅甸、泰国等地后，由于地域日益宽广，情况复杂多异，加上传教僧侣对于教理、教义、戒律理解的不同，因而陆续出现各种派别。经由缅甸传入云南的南传上座部佛教，分为润、摆奘、多列和左抵四派。各派教义基本相同。在戒律方面，凡居家信徒应遵守“五戒”（不杀生、不偷盗、不调戏妇女、不说谎话、不饮酒）和“八戒”（在前五戒基础上增加日偏西后不吃饭、不听视歌舞、不装饰打扮三戒）。帕（沙弥）、督（比丘）应遵守“十戒”（在前八戒基础上增加不睡高广之床、不贪金银财宝二戒）。祜巴以上高僧应遵守俱足戒，多达227条。但各教派在持戒的宽严程度上有一些差别。

1. 润　派

润派又分为润坝（或称“摆坝”）和润孙（或称“摆孙”、“摆顺”）两支。在西双版纳、德宏、临沧、景谷、孟连等地均有分布。润坝（傣语“坝”意为山林）的佛寺原来建于山野，离寨较远，平时无固定的信众前往布施，全靠僧侣每天出外化缘，所以人们称润坝佛寺为林居佛寺，称这派僧侣为林居和尚。润坝原先持戒较严，僧侣出行不准左顾右盼，过午不食，不吃荤腥，终身不娶，以苦行生活为荣，不置田产。由于戒律过严，渐渐衰落。后来这派佛寺才逐渐向村寨附近转移，戒律也逐渐变得宽松，各方面渐与润孙派趋于接近。在耿马县孟定区和景谷县谦糯区至今仍可见到这类林居佛寺的残垣断壁遗迹。

润孙派（傣语“孙”意为园圃）的佛寺原即修建于寨中或寨边，所以人们称之为家佛寺，称这一派僧人为家和尚。润孙派持戒较宽，僧侣与村民接触频繁，无论剃度或还俗都比较自由，寺有田产出租给农民耕种，收取地租，比丘等僧侣还可以养马、经商、放高利贷和蓄积个人财产。就西双版纳来看，历史上景洪县境内多是摆孙派，而勐海一带多是摆坝派，后来这两派逐渐趋于融合，分布地区也渐混杂起来。就全云南省润派的分布来说，西双版纳各县及景谷、孟连全属润派，信仰者除傣族为主外，还有布朗族和部分克木人；临沧地区的润派中心在耿马城周一带，由于过去罕氏土司均信奉摆润，各方面都得到土司的支持，所以这派在耿马占了绝对优势，信奉者除傣族外，还有山区的布朗族和德昂族。德宏地区，润派占少数。

2. 多列（又称“摆多”）

多列派的中心在缅甸北部。多列传入云南省德宏地区已有 400 多年，传入耿马县已有 500 多年。德宏地区的芒市和瑞丽县信仰多列的人比较多，由于这派靠拢官家，势力雄厚，耿马县孟定区的傣族以信奉多列为主。多列派保持了许多原始佛教的特点，属于山林派，而与园圃派有较大的差别。多列信徒宣称阿拉含为本派祖师，严守教规，是佛教的真宗。最初，多列佛寺修建在山上（有一种解释说：缅语“多”为树林，“列”为来住下，因此把在山林住下的这派称为“多列”），僧侣每日下山化缘，后来感到不便，才把寺庙改建于村寨中。此派崇尚岩洞，常把佛像藏于石洞中。其戒律严格，规定僧侣见杀不吃，过午不吃，寺内不准饲养家畜家禽（但可养公鸡报晓），僧侣不睡高床，不垫用棉絮，不沾染金钱，不饮酒，不吸烟。

耿马县的摆润派和多列派具有不同的特点，下面作一对比：

摆　润	多　列
（1）佛寺可盖瓦房，住于寨中。	（1）佛寺只盖草房，离寨稍远。
（2）念经声调与西双版纳同。	（2）念经声调与德宏同。
（3）有寺田，寺奴多。	（3）无寺田，寺奴少。
（4）僧人出行可骑马、坐轿、赶街。	（4）僧人出行不骑马、不坐轿、不赶街，出行只带一把伞。
（5）僧侣日吃两餐，多吃荤。	（5）僧侣过午不食，多吃素。
（6）经书较多，学经时间多，学傣文时间少。	（6）经书少，学经时间少，学傣文时间多。
（7）诵经声调	（7）诵经声调
①念 e、d、b、sou	①念 e、d、b、so
②念 ɑ、hɑ、hɑ́	②念 ɑ、hɑ、hɑ́
③念 fɑ、kɑ、wā	③念 fɑ、kɑ、wǎ
（8）一年四季都可穿袈裟。	（8）仅在重大节日和念经时穿袈裟。
（9）赕佛的物品多（如用篾扎的马、狮、象及家具齐备）。	（9）赕佛的物品少（赕亭子，用具可用画像代替）。
（10）一般信众可养猪、鸡。	（10）一般信众不养猪、鸡。
（11）僧侣卧室有被盖、垫褥和枕头。	（11）僧侣只盖毯子，无垫褥，枕头只用木竹加工。
（12）拜佛时脸向下。	（12）拜佛时脸向天。

清朝道光年间（1821—1850 年），孟定地区佛教各派都有所发展，但各派间的矛盾也日益突出。润派得到土司的大力支持，成为很有势力的教派。摆多势力则比较单薄，有部分即迁往缅甸，特别是抗日战争期间，日本侵略军进犯孟定，使佛寺遭到极大破坏，佛像、经书损毁严重，以致奘（寺）仅存 4 所，僧侣不足 100 人。1952 年，摆多派长老英德戛由缅甸学经回来后，佛寺发展到 12 所，僧侣发展到 135 人。

3. 摆　奘

德宏摆奘派是从缅甸传入的，信仰者有傣、阿昌、德昂等族群众，僧侣和信众都比较多。此派允许僧侣吸烟、喝酒、骑马、饲养家畜家禽，也可杀生，戒律比较松弛。经典与润派相同。摆奘派的和尚晋升闷召（长老）时，必戴佛冠，披袈裟一至数套，步行至类似海岛样的有水的地方举行仪式。沿途有众人鸣锣击鼓，热烈欢送，晋升者的父母、亲友、干爹干妈也同行相送。仪式完毕后还要举行酒宴庆贺。

4. 左　抵

“左抵”一词在缅语中是诚心的意思。据德宏方面的长老称，当多列派传入德宏百年左右，左抵派才从缅甸传入滇西的孟奉（在双江、耿马之间），随后又传播到芒市坝。耿马孟定的左抵派是在摆顺（孙）派传入后不久，由缅甸的南坎传入的。

左抵派遵守戒律最严，素食，不杀生，不拿鱼摸虾，教徒家庭禁止饲养猪、鸡、鹅、鸭，不去朝拜外寨佛寺和僧侣，不信鬼神，死了人也不许哭，拒绝杀生害命的人进寨。后来戒律稍有宽松，例如允许信徒上街买肉吃，允许屠夫进寨子等。德宏地区的左抵派，初期曾经占优势，当时的土司也曾经信奉过左抵，但后来发生了左抵与傣勒的斗争，结果许多信徒逐渐脱离左抵而转向傣勒。左抵失去了土司在政治上的支持，就在民国 4 年（1915 年）大部分由芒市迁到缅甸的雷根，最后迁到缅甸的勐敏（勐敏现在仍然是左抵派的中心）。从此，左抵在德宏的势力日益衰微，到 1990 年底止芒市坝仅有印金、蛮罕、户贷、蛮究 4 寨，轩岗坝仅有蛮项、蛮棒、蛮滚 3 寨，遮放仅有那堂、那舍、弄寨 3 寨。孟定一带的左抵也逐渐衰落。民国年间，多数信徒都改信多列派，到了1950年，只剩下几位老人信奉左抵。

三、典　籍

南传上座部佛教的僧侣为了弘扬佛法，吸引广大信徒，在三藏之外增加很多印度佛经文学故事内容。

云南省南传上座部佛教使用的经书属于巴利文系统。其中一种是音译经，即是用傣文字母音译巴利文经典的写本，这种经文即使是宗教职业者也只知其音而不知其意，一般信徒更是感到茫然。另一种是意译经，是高级僧侣根据佛教典籍结合当地民族语言习俗等实际情况，加以发挥创造而成的经书。这一类则比较庞杂，内容除原佛教经典外，还掺进许多文学故事、历史、民间神话传说、寓言、天文历算、法律、医药等等。所有傣文经书，最早用铁笔刻写在贝叶上，然后集串而成，称为贝叶经。到了近代，才开始改用人造纸书写经书。

南传上座部佛教经典最基本的是小乘三藏经，傣语叫作《三比达戛》，即经、律、论三藏。

（一）《苏坦比达戛》（Sutrapitaka）

《苏坦比达戛》简称《苏坦》，意为经藏，计有5部：

（1）《底康尼》（巴利文Dighanikaya，译作《长部》，相当于汉译《长阿含经》），共3编34经。

（2）《马弃麻尼》（巴利文Majjhimanikaya，译作《中部》，相当于汉译《中阿含经》），共3编152经。

（3）《枯达戛尼》（巴利文Khuddakanikaya，译作《小部》），共15种，佛经文学《本生经》是其中一种，计547个佛本生故事。

（4）《善郁达尼》（巴利文Samyuttanikaya，译作《相应部》，相当于汉译《杂阿含经》），共5编56经。

（5）《安估达那尼》（巴利文Anguttaranikaya，译作《增支部》，相当于汉译《增一阿含经》)，共 11 集，每集分作若干品，每品有若干部经。

(二)《维乃耶比达戛》(Vinayapitaka)

《维乃耶比达戛》简称《维乃》，意为律藏，计有 5 部：

(1)《巴纳几戛》(Parajika，亦译作《波罗夷》)。

(2)《巴逸提》(Prayasoitta，亦译作《波夷提》)。

(3)《莫汗袜》
(4)《注纳袜》} 合称《犍度部》，内容是僧侣的各种制度。

(5)《把利袜》(附注篇)，解释戒条。

(三)《阿毗达马达戛》(Abhidhamapitaka)

《阿毗达马达戛》意为论藏，旧译作《阿毗昙藏》，计有 7 部：

(1)《达马山吉利》(巴利文读音 Dhammasangari，即《法聚论》)。

(2)《唯别格》(Vibhanga，即《分别论》)。

(3)《得都格特》(Dhatukatha，即《界论》)。

(4)《普格纳巴纳的》(Puggalapannatti，即《人施设论》)。

(5)《格塔瓦吐》(Kattavatthu，即《论事》)。

(6)《亚马格》(Yamaka，即《双论》)。

(7)《巴塔纳巴格纳》(Patthanappakarana，即《发趣论》)。

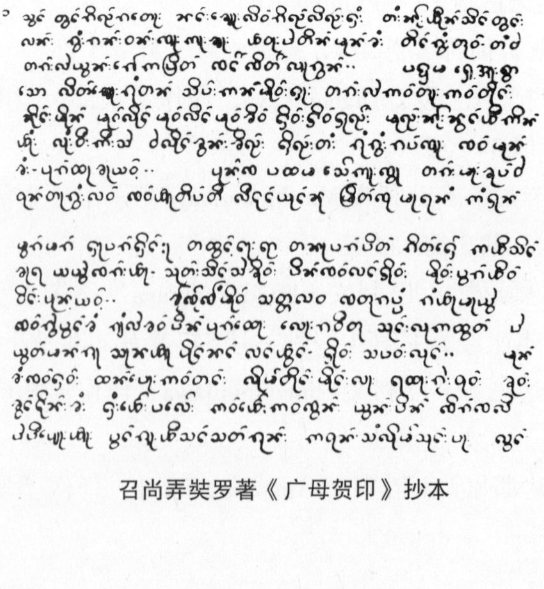

召尚弄奘罗著《广母贺印》抄本

除上列巴利文三藏经外，还有巴利文的其他典籍，如《迷纳达凡哈》（《弥兰王问经》)、《麻哈维赛》、《枯纳维赛》等。还有大批用傣文所写的藏外经书，在寺院和民间辗转抄传。其中有相当大的部分是通过一些故事宣传佛教精神的经书，如《谋素》(《酸蚂蚁》)、《巴素》(《酸鱼》)、《章三额》(《三牙象》)、《婻芒保》(《椰子姑娘》)、《婻京布》(《吃蟹姑娘》)、《阿莱汗罕》(《金壁虎》)、《波迷咩奢》(《虎母熊父》)、《秀三帽》(《三只公鹦鹉》)、《西贺》(《十个头的人》)、《伍弄》(《牛王》)、《罗勇罕》(《金孔雀》)、《改靠相》(《宝角水牛》)、《改领》(《花水牛》)、《满萨借把》(《七个太子》)、《满萨西双》(《十二个太子》)、《布算那》(《教儿经》)、《嘎玛探》(《受戒经》)、《秀罕》(《金鹦鹉》)、《路罕》(《金鼠》)、《散欠奴》(《劝世文》)等。

历史故事方面的有《巴塔麻戛捧尚罗》(开天辟地的经书)、《捧麻罗》(创世纪的经书)、《姜太公钓鱼》(根据内地历史故事翻译)、《唐王李世民》(根据内地故事翻译)、《利肯勐》(地方史)、《召曼德里》(阿瓦王)等。拥有22册的贝叶经《当难列普罗克》(释迦牟尼周游世界记)中记载着西双版纳许多地名的来历和风土人情，另一经书《纳贯》是一本地名专著。

有关佛教历史文物方面的有《佛浪少别》(二十八佛)、《伍保谷》(伍保谷佛)、《佛浪弄纳欠》(瓦城金佛)、《萨沙纳满加》(缅甸佛教)、《萨沙纳兰戛》(斯里兰卡佛教)、《广姆欠》(仰光吊塔)、《广姆弄瑞大贡》(瑞大光塔)等。

文学方面的尤其丰富，如《窝信》(孙悟空大闹天宫)、《莫信干》(千瓣莲花)、《婻坎南》(水上仙女)；有关阿暖的各种故事，如《阿暖开外》(阿暖卖藤篾)、《阿暖笨布》(阿暖和蚂蚁堆)、《阿暖甘那》(阿暖和笋叶)等，特别是佛教文学作品《佛本生故事》写得出色感人。

此外，还有科学技术方面的《把戛等》(历法)、《掌雅》(药典)、《金省勐跨》(地震)、《腕纳巴维特》(医经)等，都编入经书，流传于世。

南传上座部佛教经典，在云南傣族地区相传有84 000 罕。关于“罕”的概念，一种解释为部，一种解释为偈(行)，另一种认为一罕即是讲一个问题。实际上云南南传上座部佛教经书不可能有84 000部，据1983年西双版纳的初步统计，能够列出书名的经书合计只有500多部，2 600多册。

四、寺院制度（含僧侣制度）

（一）寺院制度与封建领主制

在中华人民共和国建立前，云南边疆的西双版纳、德宏、耿马、孟连等地南传上座部佛教流行区，数百年间都是被封建领主所统治。佛教与领主制的关系非常密切，二者既互相联系、互相依靠，又保持其相对独立性。在领主制严密统治下的这些地区，佛教为了自身的传播和发展，不得不在各方面依靠领主的支持。而领主则意识到如果自己信教并积极支持群众的信仰，就可以博得群众的拥护，同时还可利用佛教所主张的容忍、慈悲和因果报应等说作为消弭群众反抗意识的最好精神武器，因而对于佛教采取欢迎和支持的态度，并逐步把佛教组织纳入其控制范围，建立起一套与领主行政体系相对应的佛教组织系统。这个佛教组织系统及其僧侣，一方面必须受领主的节制，而另一方面，高僧的地位在名义上又是与同级领主相等的。例如，西双版纳最高佛教领袖松领阿戛牟尼是由西双版纳大领主——召片领的亲属担任，地位与召片领相等；勐级总佛寺的住持祜巴勐又与勐的领主召勐有密切关系，地位与召勐相等。但这种相等只是名义上的，实际上宗教必从属于政，各级高级僧侣的晋升或受罚都要经同级领主的批准或同意。德宏地区的御封佛爷直接由土司加封委任。

南传上座部佛教与领主阶级的相互关系，反映在德宏民间的一句谚语里："刹甚那，因混勐，混勐因甚刹甚那。"意思是佛教与土司（领主）互相依靠。佛教帮助土司宣扬"南召领召"（水和土都是官家的）或"浪召领混，害罕浪发"（土司是皇天之子）。这种宣传在客观上无疑有利于领主阶级对广大农民群众的剥削和统治。另一方面，领主则利用其权威尽力为佛教宣扬信佛的诸般好处，并身体力行支持佛教的发展。如在每年毫袜萨（佛节）期间，领主必盛装前往佛寺拜佛，同时令其卫队荷枪实弹列队游行示威。耿马土司在每次举行大赕佛时，为了扩大影响，必派卫队参加游行，而且特将游行日期选在赶街天。届时，由数百人轮流抬着篾扎的亭子、白牛、白象，仪仗队还撑起四五十面大旗，土司的亲兵和常备队则全副武装行进。

西双版纳封建领主召片领（广大土地之主）每年照例要在毫袜萨期间，进行一系列维护和巩固其权力的活动。节日前，各勐土司要亲身或派属官前往宣慰街朝拜召片领并贡献礼品。傣历九月十五日，以召片领为首的土司头人都齐集于佛寺，举行诉宰（“宰”意为威武显赫）仪式。召片领坐在殿前左侧，高僧祜巴勐坐在殿前右侧，其后为四卡真、八卡真等官员环坐，又后为各勐土司及其属官波朗勐，再后才是其他头人。诉宰开始，首先行佛教滴水仪式，然后由祜巴勐宣读一篇颂扬领主的颂文，大意说：“如日月般明亮的召片领，至高无上，战胜各勐，威震八方；今各勐都来朝拜，愿做他的奴隶，永远效忠于他，若有图谋不轨，则永堕地狱，备受苦刑。”颂文完毕，又由另一比丘告赕（即向神、佛及众人报告敬献的物品），他说：“今天以召片领为首的土司头人敬献了许多供品，请天神、地神和各位神祇收下，今后要保佑各勐；各勐土司不服从召片领的，请降祸给他们……”在毫袜萨的第三天，领主要举行分封头人的活动。9月17日午时，由领主的最高权力机关议事庭的秘书长都龙欠宣读任免令，并代表土司头人向召片领致词说：“今年的关门节（毫袜萨）到了，各勐土司头人无人反抗，尊重您的统治，不失礼节向您朝拜，今后将在您的领导下安居乐业，生产五谷，虔诚信教……”然后，都龙欠当着召片领的面将委任状发给各新任头人。各头人接过一块槟榔当场嚼烂，让满口鲜红，表示接受任命，今后永远效忠召片领。召片领和各勐土司还要在分封头人时，对群众宣告说：“当着佛的面，把你们拥护的、喜欢的头人加封了，好好听他们的话，要你们做什么就做什么。”又对受封的头人说：“大家拥护你，现在委你当头人，你要好好听话，好好做事。”

如果是在毫袜萨节日期间分封一个勐的土司（召勐），仪式就更加隆重。分封的当天，召片领指派议事庭官员做代表参加仪式，所有各勐的召勐及其属官波朗都要齐集宣慰街大佛寺。受封的召勐听完咒文后，须跪在佛像前，面对佛像饮一杯咒水，表示忠诚于召片领。

领主制与佛教的关系，还反映在西双版纳的封建法令中，例如有一则法令指出："大家知道，我们地方是由佛寺、天朝官员及宣慰来领导的，好像一把大伞，庇护着西双版纳的头人百姓。"另一封建法令明文规定："百姓想反对土司，和尚想反对佛爷，这些人都是忘恩负义不懂道理的，来告时也不让他们申诉，对那些不反对的人就好好对待。"

在战争时期，若是平民百姓应征服役，必须在出征当天将应征者的一件衣服送往佛寺，并由比丘念经，祈求佛祖保佑他平安归来。若是召片领亲征凯旋，必须先去宣慰街大佛寺拜佛，由祜巴勐主持诉宰仪式，其内容是宣扬召片领的武功显赫，威名远播。

此外，封建领主制与佛教的关系还体现在经济方面，农奴制经济已逐渐渗入寺院之中。南传上座部佛教原本无独立的寺院经济，一切有关建筑设备和僧侣生活所需，都完全仰赖信众的自愿布施，后来由于傣族封建领主要利用宗教，也就在经济方面给寺院大力支持。首先是规定每户农民每年应向佛寺交纳一定数量的考波占（即给佛寺经师波占的谷子），例如勐阿土司规定种田的农民每年每户缴纳波占谷一挑（约25公斤），不种田的缴谷半挑。另外各地领主还将其占有的少量田地赠与某些佛寺（这类田地，称为佛寺田），由寺院租给农民耕种，收取一定地租。如陇川城子的6个奘（寺）共占有45箩籽种的田地，这份田产全部出租，年收租340箩，供给13个僧尼；芒市土司分给菩提寺20多箩籽种的田地1份；西双版纳勐遮的曼根寨有佛寺田20亩，占全寨土地总面积的2.7%；勐满有佛寺田10亩，由城子寺奴耕种；耿马城内的甘东寺有寺田20多亩；孟定城子佛寺有寺田30亩；勐撒官缅寺有寺田136亩。

领主还将其家奴寨（滚很召）赐给寺院，为寺院服各种劳役。如西双版纳的勐仑有曼梭黑、曼锐两寨共32户，耕种部分塔田（纳塔）为生，由他们专门负责守护和维修白塔。勐很地区的寺奴寨本名曼支龙寨，是宣慰使出巡勐很至城内佛寺拜佛时，许愿赠给佛寺做寺奴的，此后全寨人每年要逐户轮流去佛寺服役5天，任务是割马草、烧开水、煮饭、代耕佛寺田等。日久因路途遥远，往返不便，改为交半开12元，由佛寺直接雇工服役。在勐遮，寺奴是犯死罪或犯罪被罚款的人，佛寺出钱代为赎罪或赔罚款后，本人即为寺院终身服役。又如耿马土司把弄杭、那棉、芒雨、芒费等寨划为寺奴寨（卡袜），免向司署交纳赋税，让全寨专为佛寺服各种劳役；在宗教节日期间清扫佛寺环境，朝拜白塔前为众僧侣和司署官员搭凉棚，大长老出行时当侍从等。

这类寺院的经济一般都由头人掌握。如景洪曼勒佛寺的经济由纳贺经管，袜宰由叭黑经管，袜科松由召龙帕萨经管，袜扎捧由纳扁经管，袜龙由纳黄经管。这些经管者都是过去的当权头人。

以上情况表明了领主制与南传上座部佛教间的相互依赖关系。佛教在自己的发展过程中已逐渐依附于封建领主制度，但另一方面仍有相对的独立性。例如，宗教节日活动、礼仪制度等，世俗领主是无法更改的；在人们的观念和日常生活中，高僧即代表佛，他在天国中的地位自然要高于世俗领主，领主遇见祜巴等僧侣时必须叩拜，而僧侣却无须向领主叩拜；重大节日拜佛时，领主只能坐在祜巴的下方。

在全民信佛的社会中，佛教具有崇高的威信，“佛门圣地”不容侵犯，如各地领主在处理重大案件时，往往要到佛寺去听取“神佛的判断”；一般诉讼案件的审理也要让双方向住持比丘（都龙）赌咒发誓。若有人犯法被判刑，只要他暗中向总佛寺送礼，总佛寺即可派出僧人从狱中或绑赴刑场的路上，将犯人劫走，并迅速将袈裟披在他身上，世俗司法机关就失去了对该犯人的处理权力，因为南传上座部佛教的僧侣在未还俗前，法律是管不着他的。僧人犯法，也必须先开除出教，然后才能按法处理。所以过去有些遭到人民强烈反对的头人，往往躲进佛寺中，把袈裟一披，向佛表示忏悔，住持比丘又在群众中代他开脱，说他已经改恶从善，群众的怒火也就消失了。

在耿马，违反土司法律而被判死刑的人，唯有佛寺的高僧——印长老能够搭救他。例如，过去曾经有人违反土司法令而被判死刑，犯人求助于印长老。印长老拄着禅杖来到土司署，对土司声言是来化功德的。土司叩问印长老化何功德，印长老说是特来化判了死刑的某某人的功德。于是土司召集下属官员会商，结果赦免了此犯人的死罪。过去也有欠债太多无法偿还者求助于印长老，印长老同意他去寺中躲避，欠债人披上袈裟为僧，从此即可免掉应偿的债务。据说，过去在佛寺围墙外边还有一道壕沟，按规定凡是跨过壕沟的犯人就不再受逮捕，因跨过壕沟即属佛地，佛寺有权保护他，而且从此不再被逮捕。

（二）寺院组织系统

南传上座部佛教从缅甸传入云南省西双版纳、德宏、临沧、孟连等地的时间先后不一，传入的教派在各地也不尽相同，加上各地各有特点，所以寺院组织系统、僧侣等级及称呼都有差异。

民主改革以前，西双版纳长期保存完整的封建领主制度。召片领是西双版纳各勐的最高统治者，在他统治领域内的佛教也建立了一套与世俗行政管理系统相对应的佛寺组织系统。

西双版纳的佛寺组织系统，从高到低分为三个等级：

第一，在召片领所在地的景洪宣慰街，设置了西双版纳的最高一级佛寺——袜纳乍探龙，或简称“袜龙”（大佛寺），它是统辖全西双版纳所有佛寺的总佛寺。它可发布全西双版纳的佛事活动日期和规定；批准高级僧侣的晋升；主持新任宣慰使（召片领）的宣誓或宣慰任命勐一级的土司时，须到总佛寺举行宗教仪式。总佛寺的两侧不远处，还有两个副总佛寺，即袜扎捧和袜专董。

在西双版纳宣慰使管辖的各勐土司所在地也都设有各勐的总佛寺，它管辖勐内的其他佛寺。勐级总佛寺可以召集全勐僧伽会议，主持全勐性的佛事活动，决定下属中心佛寺的住持人选，批准勐内祜巴以上僧职的晋升，并主持其晋升仪式，开除严重违反戒律的僧侣等。总佛寺的为首高僧称作祜巴勐。

第二，在每个总佛寺之下设置若干中心佛寺（告布书），为首的比丘称作乌巴赛。中心佛寺内均设有戒堂（布书），下属各基层佛寺的比丘，在每月十五、三十两天都要沐浴更衣，齐集布书亭内诵经、忏悔、协商处理各寺教务。

第三，每个中心佛寺又管辖若干基层的村寨佛寺。基层佛寺的僧侣除了进行日常的诵经、礼佛活动外，还要为信众主持某些法事活动，如替新生婴儿取名字，孩子长到八九岁入寺为僧时又为他取一法名；人死出殡前由僧侣念经超度，出殡时僧侣在前引路，抵达坟场后又念一次经才将死者下葬；村民盖新房时，先在准备架梁的地方铺上篾笆，由僧侣念经后，撤去篾笆，用牛犁地并耙平，最后才安放基石；凡有人外出远行，必先去请僧侣念经，祈求佛祖保佑他平安归来。平时，各寺的住持僧侣要教育本寺的青少年和尚读经和写字。

在滇西的耿马土司统辖区内，佛寺组织分为以下三级：

第一，耿马城区土司所在地设1所总佛寺，傣语称纳乍探（当地汉话又称此寺为官缅寺）。另设4所副总佛寺，即金牛寺、甘东寺、新佛寺、观音阁佛寺。

第二，中心佛寺（中级佛寺）有8座，傣语称作贺巴八乍或贺卧素。①洞汀贺巴八乍（孟定坝区）管辖上洞井、下洞井等32座佛寺；②勐简贺巴八乍，管辖芒俄、帕弄等7座佛寺；③勐撒贺巴八乍，管辖新佛寺、郎牙、芒见等25座佛寺；④勐永贺巴八乍，管辖芒召、芒冈等13座佛寺；⑤允楞贺卧素，管辖芒弄、芒万等14座佛寺；⑥曼抗贺卧素，管辖那棉、贺东等28座佛寺；⑦大寨贺巴八乍，管辖芒戛、芒左等8座佛寺。

第三，基层佛寺。按清朝末年民国初年佛教最盛时期的统计，耿马全县共有佛寺202所。除去总佛寺、副总佛寺和中心佛寺13所外，有基层佛寺189所。

这三级佛寺的活动内容和权限与西双版纳一个勐内佛寺的情况基本一致。

历史上，在孟连宣抚使土司衙门附近建有1座总佛寺——袜勒（官缅寺），是孟连的最高佛寺，直辖哈当、曼龙、隐足、曼洪、中城等5个中心佛寺。另外，各村寨都建有基层佛寺，中华人民共和国建立前，孟连共有基层佛寺69座。

景谷县的傣族和布朗族均信奉南传上座部佛教。中华人民共和国建立前共有佛寺86座，大多分布在4个勐——傣族聚居坝子，每个勐都有中心佛寺。这4个勐，一为勐卧（景谷县城一带坝区），中心佛寺建在城郊，为过去景谷土司拜佛的地方，称官缅寺或总佛寺；一为勐倮（民乐区）；一为勐戛（永平区），中心佛寺有3个，即谦糯袜龙、永平袜龙和茂密袜龙；一为勐班，中心佛寺为大寨佛寺。此外，每个中心佛寺之下，都有若干基层佛寺。

近代德宏地区处于由封建领主制向封建地主制过渡的阶段，境内的各地领主（土司）各自为政，没有一个像西双版纳那样的统一的大领主政权，加上教派比较多，而各地土司所支持的教派也不一致，所以在整个德宏地区也就缺乏统一的寺院组织制度。尽管这样，各地土司领域内的寺院仍有相似的三级组织形式。瑞丽城内的4所佛寺和城郊的弄安、姐勒、垒奘相等3所佛寺过去都得到土司的支持，佛寺进行佛事活动时，全县佛教信徒都要来念经拜佛，敬献金钱物品。各地土司管辖的大多数村寨都建有基层佛寺。

在云南南传上座部佛教寺院中，唯有德宏地区的多列派因受缅甸多列派的影响，有尼姑庵和少数尼姑。例如，芒市的中华寺（傣语称“奘茂”）建于民国19年（1930年），至1953年时，还有傣族尼姑20多人。瑞丽的垒庄相也是尼姑庵，目前有尼姑3人。盈江县过去曾有尼姑60多人，至“文化大革命”前还有30多人。陇川县至1966年还有尼姑20人。妇女出家为尼的原因主要是人们迷信“凡属虎的妇女结婚后，将死于分娩”这类巫说。妇女为了免遭不幸宁愿削发为尼，也有为了摆脱“儿多母苦”的不幸遭遇而出家的。

（三）僧侣的几种制度

1. 等级制度

南传上座部佛教僧侣严格地分为若干等级，但是各地区、各教派的僧侣等级及其称谓都有差别。

西双版纳的佛教僧侣全属润派，等级由低到高，分为帕、督、沙弥、常卡拉乍、帕召虎、松领、松领阿戛牟尼等8级。

德宏的润派僧侣由低到高分为召尚、闷召、厅召、沙弥、桑召（常卡拉乍）、祜马召（召祜马）、松领、阿戛牟尼（按雅淌）8级；多列派分为召尚、召长、泵儿、希拉多4级；摆奘派分为召尚、召闷、召儿3级；左抵只有召尚（分大召尚、小召尚）1级。

耿马的润派僧侣由低到高分为帕、督、厅召、西米召、桑召、召祜玛、祜玛南、按雅淌8级；多列派和摆奘派分为召尚、闷长、闷召、闷召龙 4 级。

沧源县部分佤族信奉南传上座部佛教润派，僧侣等级与耿马润派的前 6 级相同，缺祜玛南、按雅淌 2 级。

孟连傣族信奉南传上座部佛教润派（又分摆孙、摆坝、摆稿），僧侣分为帕囡、帕卓、帕杜、帕杜龙、帕沙米、帕几厅、麻哈厅、按雅淌 8 级。

另一说法认为，南传上座部佛教润派僧侣等级只分为帕、督、祜巴 3 级。祜巴以上各级都属长老一级，其中的松领、松领阿戛牟尼为僧侣中的最高荣誉称号。

各地区各级僧侣的服饰，根据职位的高低而有差别。例如，西双版纳地区的帕（沙弥）、督（比丘）2 级只能穿黄布袈裟，祜巴以上僧侣除穿布料袈裟外，还可穿缎料袈裟，可戴金牌、银牌。以景洪县为例，祜巴以上各级僧侣的服饰有如下差别：

祜 巴	布袈裟 1 套	缎袈裟 1 套	银牌 1 钱 5	金牌 1 钱 5
沙 弥	布袈裟 2 套	缎袈裟 2 套	银牌 2 钱 4	金牌 2 钱 4
常卡拉乍	布袈裟 3 套	缎袈裟 3 套	银牌 3 钱 3	金牌 3 钱 3
帕 召 虎	布袈裟 4 套	缎袈裟 4 套	银牌 4 钱 1	金牌 4 钱 1
松 领	布袈裟 5 套	缎袈裟 5 套	银牌 6 钱 6	金牌 6 钱 6
阿戛牟尼	布袈裟 5 套	缎袈裟 6 套	银牌 8 钱 1	金牌 8 钱 1

以上金牌和银牌上都刻有傣文，在晋升僧侣时戴在额头上。

在云南的南传上座部佛教流行区，除德宏和沧源两地的傣、佤、布朗、德昂、阿昌等民族只有部分男子入寺为僧外，其余的西双版纳、耿马、孟连等傣族和布朗族居住区绝大多数的男子都要入寺当一段时期僧侣，然后多数还俗，少数往上升迁成为职业僧侣。这些地区的社会舆论认为只有当过僧侣的人才算有了人格，否则就是生人或野人（"岩里"）；入寺为僧可以取得一个法名，有了法名全家光荣，在社会上才处处受人尊敬；入寺为僧，可以超度亡故的亲人；入寺后可以学得文化，继承民族传统，也才有晋升的机会。所以男子普遍入寺为僧已成为这些地区过去的一种社会风尚和不成文的传统制度。西双版纳的勐景洛，1955 年时共有 10 个寨子，每寨 1 个佛寺，沙弥、比丘共计 100 人，占总人口的 21%。勐混坝区 28 寨，有佛寺 28 所，共有祜巴、比丘、沙弥 436 人，占人口的 6.2%。勐板坝区有 6 个傣族寨子，7 座佛寺，有比丘、沙弥 66 人，占人口的 5.2%。多数村寨的僧侣数约占总人口的 6% ~7%。

2. 晋升和还俗制度

僧侣的升迁，有一套严格的制度，一般年满八九岁的男孩，就由父母送进佛寺学习经书，但暂不披袈裟，不宿寺中，称为科勇或戛被（预备沙弥）。当科勇或戛被 1 年左右，初步懂得一些教规、教义和经书之后，才举行剃度仪式，成为正式僧人——帕（或召尚）。升帕的仪式相当隆重，例如耿马县摆多派（多列）信徒升召尚时，戛被们身着华丽服装，头戴精致高冠，骑在兄辈双肩上，跳舞狂欢，这样连续 3 天，众人聚集在广场上或交易货物或围观舞蹈，一些善男信女则虔诚拜佛，向佛敬献日用品、钱币、鲜花、供果等。3 天后，才举行升召尚仪式，由戛被向住持长老请求赐给袈裟，披上袈裟就意味着由俗人变成了僧侣。在西双版纳等地，升帕前先要剃去眉发，由家长拜请一位亲友当孩子的教父（波卧）。教父有义务帮助教子购置袈裟和生活用品。家长选好升帕的日期，届时宴请亲友 1 天，第二天用马驮或人背把孩子送进佛寺，教孩子先拜佛像、经书，后拜比丘长老并献上蜡条，随即脱掉俗装换上袈裟，再向佛像和比丘（督）叩拜。接着由督带领升帕者念诵“十戒”条文。最后由信教群众依次前去拜佛、滴水，仪式即宣告结束。按西双版纳、孟连、耿马的社会习俗，入寺剃度的人，95% 以上都要还俗，只有少数往上升迁或终身为僧。僧侣晋升、还俗制度各地大同小异。

在西双版纳初入寺剃度的少年被称作帕囡，他们必须经常做一些寺内杂务，如割马草、清扫环境、煮饭、服侍上级僧侣、外出化缘等。两三年后，帕囡经过考核合格，即可升为帕龙。帕龙可免做杂务，主要辅导帕囡诵习经书和傣文。

帕级僧侣还俗比较简便，只需父母同意，给本寺比丘讲明情况，通报头人即可。景洪地区当过帕还俗的人被尊称为“吉囡”。

帕龙年满20周岁，家庭不要求还俗，他又能遵守戒律，学经认真，经本寺督龙认可，由祜巴或督龙主持升职仪式，就可升为督囡。

督囡经过两三年学习修行，多数都要还俗，若学经认真并有德行，经几位督龙考核合格，此督囡即可升为督龙。凡升至督龙以上的僧侣都必须遵守227条戒律。督龙还俗必须经祜巴和头人批准，并经过几天念经仪式。督级僧侣还俗后，被称作“康朗”，他们是信仰南传上座部佛教诸民族中的中级知识分子。当过督还俗的人，一般都熟悉佛教经典和仪式，如有需要，信教群众还可选他做“波占”（西双版纳）或“布类”（德宏）。波占或布类的任务是作为沟通信教群众与佛寺之间的桥梁，要协助佛寺主持各种宗教仪式及僧侣升迁仪式，掌管各级僧侣和信众分别应遵守的戒律条数等。

督龙晋升祜巴更为严格和隆重。凡任僧职10年以上的督龙，谙熟经典并严守戒律者，可作为祜巴的候选人。祜巴是一个地区（勐）的宗教首脑，在僧众和信众中有较高威望，人选相当慎重。傣族地区首先要由勐的土司和议事庭召集当地原有的祜巴、督商议，推出合格的对象，然后由头人悄悄地把蜡条、茶叶等礼品送至新推选的祜巴家中。被推选者发现这类礼品，就意识到自己被选中祜巴了。由于祜巴守戒严格，一般都不能还俗，所以有的当选者发现礼品，顿时嚎啕大哭，有的干脆逃往外地或外国躲避。有的当选者则心甘情愿担任祜巴。按规定，祜巴的教父应是本勐的土司，在景洪地区应是西双版纳最高领主召片领。布朗族地区升祜巴，除要求其熟悉经书、严守戒律外，还要本人自愿，经傣族土司批准。祜巴选中以后，众人陆续着手准备各种物品，并决定在某月十五那天举行晋升仪式。届时，恭请各地来的8位祜巴去中心佛寺主持仪式，各勐土司齐集祝贺，头人、百姓也前往参加庆典，十分隆重。

每个勐设置的祜巴僧职仅有1～5个。少数祜巴违反教律（如发生两性关系），若他主动要求还俗即马上得到大家同意，若不主动要求还俗，众人也必将他撵走，而且不再经过念经仪式。极少数任过祜巴还俗的人，被称为“康朗厅”，这是信仰南传上座部佛教的少数民族中的高级知识分子。

对沙弥以上的僧侣，要求更加严格，一旦任职就永不还俗。

松领（耿马称“祜玛南”）这一高级僧职，不仅要求能谙熟经典，还要求把 227 条戒律牢牢掌握。大的勐（或县一级辖区）有 1 个松领。过去，整个西双版纳共有 4 个松领，即松领景洪、松领勐混、松领勐海和松领布朗山。各松领分别管理本辖区内的佛教事务。

最高一级僧职阿戛牟尼（耿马和孟连称“按雅淌”），是各地区佛教界最有声望的宗教领袖。西双版纳过去的一个阿戛牟尼景洪，是最高领主——召片领的血亲。孟连过去的一个按雅淌是外地人，名叫李开华，从小在孟连为僧，后来因他谙熟经典、严守戒律而得到晋升。

（四）僧侣的生活制度

寺院里都有一定的生活制度。每天凌晨，全体沙弥即在比丘带领下朗诵经书半小时左右；上午、下午都有一段时间，由比丘长老教众沙弥学经或学傣文，有时也刻写经书；晚上临睡前也诵习经文。

僧侣所穿的袈裟，由村民敬献供给，饭食也由村民义务供给。早期由于寺院建在山野森林之中，每天须由沙弥持钵下山化缘；后来寺院移建在村内，每到吃饭时即由沙弥持钵或竹篮沿村叫喊贡毫（献饭），各家主妇听到叫声就主动将热米饭、菜蔬放进佛钵或竹篮中献奉。

多列派僧侣规定每天只吃上午和中午两餐，下午不再吃饭菜，叫作“过午不食”，但可以吃水果或喝糖水。

德宏、耿马等地，规定每天早晨由村中各户轮流送饭去佛寺，饭不够吃时再由小沙弥轮流去村中化缘，群众纷纷送给一些大米、干柴，带回寺院煮食。这种由村民轮流送食的习俗为时已久，据清代景谷《威远厅志》卷三记载：“缅和尚以黄布缠头，披黄布为衣……其饮食皆摆夷轮流供给，捧至佛门外，去包头及鞋，以饮食置头上，跪而献之……”

（五）寺院制度的变革

1955—1956 年，云南边疆地区陆续完成了和平协商土地改革，南传上座部佛教的寺院制度也发生了深刻的变化，从此结束了封建制长期以来对佛教的控制和利用。德宏、西双版纳、孟连、耿马、沧源等自治州、县佛教协会的先后成立，使广大僧侣和信教群众有了自己管理自己教务的群众性组织。高级僧侣的产生，不再像过去那样需要经过领主的任命或同意，而纯粹由佛教界内部决定。在经济方面，废除了封建剥削性的波占谷和佛寺田制度。寺院的维修费用和僧侣的衣食所需，完全由群众按习惯负责提供。

特别是在1987年以后，许多佛教寺院主动采取了一些变革措施，例如芒市菩提寺过去僧侣的饭食长期由群众轮流送至寺院，自1987年以后，为了让信众节省劳动力和经济开支，改为每户每月交给佛寺1元钱、1.5公斤米，由僧侣自行开销。同时，各地僧侣们还在寺内空地上种植蔬菜，以改善生活。瑞丽县城郊的喊撒奘（寺），在伍并亚文撒主持率领下，开辟了菜地和养鱼池，还从国外引进一些奇花异草，美化庭院，受到国内外旅游人士的称赞和当地党政部门的表扬。西双版纳的一些寺院长老为了支持文化教育事业，实行白天让众沙弥上公立小学读书，夜晚再返寺院学经书和学傣文的双轨制，颇受欢迎。

五、节日活动

南传上座部佛教流行地区的傣、布朗、德昂、阿昌等民族以及部分佤族的节日活动都与祭献佛祖（傣语称“赕佛”）有关，一年中的主要节日有毫袜萨（关门节）、奥袜萨（开门节）、京比迈（傣族新年节）、赕坦（献经书）、赕塔（献佛塔）、赕刹那（献小亭房）、赕星、赕岗。此外，各地还有一些特殊的佛节活动。

僧侣和信教群众认为通过赕佛可以得到佛祖保佑，消灾免难；赕佛可以超度家中亡人，可祈得来世过幸福生活，子孙后代繁荣昌盛；赕佛者受人尊敬。反之，若不赕佛，会使自己和家人生病、遭灾或死亡；不赕佛死后将堕地狱受苦受难，子孙也不得昌盛；不赕佛者在社会上受歧视。

主要佛节活动如下：

（一）毫袜萨

毫袜萨又称“进袜”（意为佛祖入寺），汉译作关门节或进斋节，时间从傣历九月十五日开始至十二月十五日（即阳历7～10月）。这3个月正值雨季，农事不多，村中男女老人每隔7天必去佛寺拜佛一次，每次两天。老人们身着白衣，在寺内住宿两夜，潜心听经和拜佛，过僧侣般的生活。早晨，村民们纷纷给帕、督、祜巴等僧侣及自家的老人送去饭食，顺便也要拜佛和听讲经书。在这3个月内，僧不升阶，世俗人家不能建盖新房，不许婚娶和远行。总之，要求抛开尘世琐事，一心向佛，甚至要求达到父母不认自家儿女、夫妻视如路人的地步。

（二）奥袜萨

奥袜萨又称“出袜”（佛祖出寺），汉译作开门节。时间为每年傣历十二月十五日，需赕佛两天，除举行拜佛、念经、滴水等仪式外，各寨群众则敲锣击鼓，互相“甘朵”（悔过）。信众还要缝制黄袈裟，舂米粑，然后跳着舞，打着锣鼓，把礼品送给帕、督等僧人。众僧侣则齐集佛寺，举行宗教仪式，接受群众的布施。奥袜萨节日过后，村民们就可以送孩子入寺为僧、盖新房，青年男女就可以谈恋爱，办婚事。

（三）京比迈

京比迈为傣族的新年节（又名泼水节），也掺杂许多宗教的内容。时间是在每年傣历六月中旬（即傣历元旦，阳历4月中旬），清明节前后3天。第一天，男女青年们敲锣打鼓到河边取来河沙，去山上采回鲜花，齐集寺院内堆成两座2米左右高的大沙塔，周围又堆若干小沙塔，塔上插满鲜花和小纸旗，表示献给佛祖，所以又名“堆沙节”。第二天，人们纷纷挑水到寺里给佛像洗尘，接着大家互相追逐泼水，表示节日的祝福。第三天群众的兴奋情绪达到高潮，泼水娱乐也达到高潮，村里村外、城镇路口到处是水的世界，所以又称为泼水节。

京比迈兴起很早，清朝道光《威远厅志》卷三有关于这个节日的记载：“摆夷……以仲冬为岁首，男妇老幼俱着新衣，摘取各种山花，并以糯米蒸熟染成五色，齐赴缅佛寺斋供，鸣鼓击钵，供献佛前，听缅僧诵经，名为赕佛。旋以各种山花插于沙堆之上，名为堆沙。又男女均以竹筒取水互相洒泼，以湿衣为乐。”

在此节日期间，各家须清洗饭桌，摆好食品，送进寺内请僧侣行滴水仪式后，献祭佛祖，还有放高升（用粗竹筒盛火药制成）、划龙舟、燃放孔明灯（德宏地区）等活动。中华人民共和国建立后，这个节日又增加了各种歌舞文艺节目、举办物资交流等内容，使节日更加丰富多彩。对外开放以来，每逢泼水节，国内外旅游者云集景洪、芒市、瑞丽等地，与各族人民欢度佳节。

（四）赕坦（献经书）

傣历十一月十五日，由督、帕在寺内念经。佛教信徒们则出钱请僧人抄写经书，献给佛祖，表示虔诚。

（五）赕刹那（献小亭房）

傣历十一月间，信徒们向佛寺敬献小亭房、衣服、金银和其他生活用品。有的人家用篾条扎成象、马等形象，外裹棉花，送进佛寺里献给佛祖，有的人家甚至把活马、活象敬献给佛寺。

（六）赕白象和赕白牛

景谷傣族在入冬到第二年 1～2 月份的农闲时期，要举行赕白象和赕白牛活动，祈求佛祖保佑死者升入天堂。人们用竹篾扎成象形，身上粘贴棉花，再披戴竹鞍等饰物。在选定的吉期，众人穿着最好的衣服，抬着篾扎的白象四处游行，象队后面的人群一边高喊“撒！撒！撒！”一边把大量米花撒向天空。游行队伍中有扮唐僧师徒形象的，有扮魔鬼的，有抬彩旗、擂鼓、跳舞的，最后将此白象抬进佛寺献给佛祖。仪式完毕，众人还要杀猪宰牛会餐一顿。有的人家则把牺牲抬到祖坟前，请僧侣念经祭献。赕白牛的规模比赕白象稍小，众人用竹篾扎成白牛形状，抬着游行，事后也要杀猪、杀牛会餐。若是私人赕白牛，便要去祖坟上念经祭祀，超度亡人。

赕白象活动在德宏的瑞丽县又叫大象摆。过去瑞丽土司规定每年一次的大象摆必须集中在城内司署衙门举行。届时，司署即通知下属四畹各扎白象、虎、鹿等动物形象，抬至土司署表演舞蹈。舞蹈完毕，众人还必须去朝拜土司才告结束。每做一次大象摆，土司署总要向百姓摊派一定的费用。

（七）塔摆（祭佛塔）

在云南南传上座部佛教流行的地区，每年都有祭祀佛塔的活动，一般是在春秋两季举行。如西双版纳的曼飞龙佛塔，德宏芒市的风平佛塔，瑞丽的姐勒塔，盈江的勐町塔等，每年都举行塔摆。陇川县的景坎广母（金塔）每年春季举行一次盛大塔摆，称作"摆广母"，国内外信众前往拜塔的多至数万人。节日期间，众人围着金塔在象脚鼓声中跳孔雀舞，有的则表演武术或唱傣戏，夜晚放礼花助兴。老年人都虔诚地拜佛。

（八）烧白柴

在德宏和临沧地区傣历四月底有烧白柴的活动。在德宏有这样的传说：从前某和尚在深山修行，每天都要下山化缘。冬季的一天上午，和尚来到坝区，由于袈裟单薄，抵不过严寒，浑身冻得发抖。村民见状，纷纷去拾取柴草烧火给和尚取暖。后来即兴起烧白柴的节日，是为了捐献功德。耿马地区传说：佛祖的弟子生病，正发冷难耐时，被一位老人看见，十分怜悯。他立即捡取柴草烧火给此病人取暖，终于使这个和尚的病情好转。随后佛祖得知，认为是一桩善事，即订冬春交接时期为烧白柴节。所以每年傣历三月十五日（农历大寒节令），未婚男女就相邀上山砍柴，挑回寺边燃起大火，以此献给佛门弟子。

（九）摆　寓

摆寓是瑞丽一带的一种大规模的赕佛活动，过去由土司和头人承头，全县百姓都来参加，相邻各县甚至缅甸曼德勒、南坎等地的官家和百姓也有前来参加的。所有来赕佛的人都自愿捐献钱财。每次摆寓需时 10～15 天，购置佛像和赕佛物品，备办饭食等的开销，由全县百姓分担。由于这种活动过去是土司、头人主持，规模盛大，所以群众称为官家摆。和平协商土地改革以后，摆寓活动已不再进行。

（十）做帕戛

帕戛是德宏傣语“帕拉达戛”的简称，意即佛门弟子。做帕戛在德宏傣族中是一种不定期的比较隆重的赕佛活动，每年都要举行若干次。德宏地区傣族过去认为帕戛是最好的称号，做了帕戛是一生中最光荣的事情。所以不少人经过多年节衣缩食，把钱财积蓄起来做一次帕戛，便算是对佛祖的无限忠诚。信众认为做过帕戛者，在世时受全社会的尊敬和羡慕，死后可升天堂过幸福生活，来世还可做大官，有钱有势。

帕戛分3等：小帕戛，只要买1本经书送到佛寺，由佛爷念经后赐给“坦木”的称号即可。中帕戛规模稍大，必须请本寨和外寨亲朋前来做客，还须购买肉、菜、蛋、饼、衣服、垫褥、香烛、佛像、经书等去佛寺赕佛，便可取得“帕戛粪”的称号。大帕戛须做3次大摆（献佛活动），把所有亲朋都请来做客，外寨人敲锣打鼓前来庆贺，前后要热闹几天才结束，这样便可取得“帕戛体”的称号。做大帕戛花费钱财很多，不是一般人能做到的。如瑞丽县喊沙寨于1955年做过一次帕戛，共花费人民币1 400多元。

六、古　迹

（一）寺

云南几个信奉南传上座部佛教的民族地区，每个村寨中几乎都有一座佛寺，少数规模较大的寨还有两个佛寺，但也有相邻的两三个小寨共有一寺的。据统计，在中华人民共和国建立前的最盛时期，南传上座部佛教的佛寺数目如下：西双版纳全境共有1 200多座，德宏全境共有534座，临沧地区共有179座，孟连县共有75座，景谷县共有86座。中华人民共和国建立后的初期，各地佛寺变动都不大，至“文化大革命”时期，大部分佛寺被毁。中共十一届三中全会以后，逐步落实了宗教政策，佛寺又基本上恢复到中华人民共和国建立初期的状况。据统计：西双版纳傣族自治州在 1957 年共有佛寺 594 座，1967 年“文化大革命”期间只剩下少数几座佛寺，1981 年恢复到 145 座，1987 年进一步恢复到 485 座；临沧地区在中华人民共和国建立初期有南传上座部佛教的佛寺 179 座，1965 年增加到 269 座，“文化大革命”期间绝大多数佛寺被毁，1985 年恢复到 179 座，1987 年增加到 183 座。

佛寺一般建筑在村寨的显要地点和风景清幽处。中华人民共和国建立初期所保存下来的一批南传上座部佛教的佛寺，都是在原来基础上重建起来的，大抵不超过 500 年。如西双版纳景洪的曼阁寺建于傣历八四〇年（1477 年），曼广寺重建于傣历九五九年（1597 年），而大多数佛寺都是近一二百年所重建。

寺院建筑规模的大小与村寨的地位、富裕程度以及是否是中心佛寺都有密切关系，凡村寨地位高，比较富裕或是中心佛寺者，寺院规模就比较大，一般的佛寺规模就比较小。但总的说来，寺院的规模都比民房高大宽敞，建筑艺术和质量也比民房好。中华人民共和国建立以前，一般村民住房多是竹木结构、茅草盖顶的楼房，比较狭小简陋，而佛寺建筑大多是砖木结构，陶瓦盖顶，建筑工艺也较精致美观，集中反映了这些地区高层次的建筑工艺水平。

寺院建筑形式，各地不尽相同，但总的可分为宫殿式、干栏式和干栏宫殿混合式 3 种。在西双版纳、孟连、景谷一带为单纯的宫殿式，德宏和临沧则诸种形式具备。

宫殿式建筑一般含大殿、僧舍、鼓房、围墙、山门等几部分，但中心佛寺特设戒堂（布书），部分寺内还设有佛塔。

大殿（唯憨）是佛寺建筑的主体部分，由于它是供释迦牟尼佛像的殿堂，是僧侣诵经拜佛和举行宗教仪式的庄严场所，又是广大信众赕佛、听经的地方，所以大殿比其他建筑都要高大宽敞。其中宫殿式建筑的大殿，主体为木架结构，一般坐西向东，呈长方形。中堂均设对称的 10 对以上大型木柱做支撑。在两排对称的大圆柱外侧，均联结着副梁，形成偏厦。中堂和偏厦的上层，以梁、檩、椽、枋等组成主体框架。由于这一类型大殿是以中堂和偏厦组成，所以呈重檐式建筑。有的大殿屋顶，是重檐再加上 3 段或 5 段参差错落的坡面，在外观上就给人以重叠多姿的印象。顶层檐面的坡度比较陡峻，约呈45°，以下各层檐面坡度渐趋平缓，约呈30°，这种形式与傣族竹楼的上层外貌非常相似。偏厦的檐下四周，均有短围墙（山墙）环绕，其中一种是偏厦横梁直接安放在山墙的础石上，阳光可从山墙空隙处透进殿内，但光线暗淡，因而有的即在屋顶上装置有色玻璃天窗，这在西双版纳比较普遍。另一种是山墙与偏厦的梁完全脱离，而在山墙的内侧另用一些短柱承接着偏厦的梁，使得光线充足。殿堂西端塑一大型释迦牟尼像，盘坐于莲台上，顶上高悬华盖，气象庄严。佛像前摆供桌，上供香、烛、鲜花、纸象、纸马和日常生活用品。佛座前设塔亭，专供僧侣在里面诵经。殿堂右侧筑一离地尺许的长方形平台（殿桑），即所谓的上座，是僧侣拜佛和主持仪式的地方。听经、拜佛的信徒群众，可坐在殿堂中部和左侧。殿中悬挂许多长条幡幔，上绘佛本生故事或许多宣扬教义的连环画。墙壁、厅柱和梁枋上的红底，再涂绘若干金粉画，增添了大殿内的绚丽色彩。殿外戗脊上往往饰有凤、狮、鱼、龙、孔雀等鸱吻形象，正脊中央饰圆形宝塔，逐层往上收缩，顶端安置塔针，直指天空。塔身涂一层金粉，在阳光照射下，金光闪烁，辉映四方。大殿以外的其他建筑，如僧舍、戒堂、佛塔、鼓房等，设在大殿两侧或殿后，根据具体地形而定。部分佛寺从山门至佛殿还有引廊连接，作为殿前的过渡空间，既丰富了庭院的建筑内容，又可供参拜者遮阳避雨或休息之用。

干栏式寺院建筑的构造模式，完全仿效民间竹楼。瑞丽、潞西和耿马的孟定等地的多列派佛寺，都采用这种形式。大殿为一楼一底的两层建筑，殿堂设在楼上，内部陈设与宫殿式殿内陈设相差不大，唯僧舍是与大殿紧连。无论大殿或僧舍的建筑规模都较狭小，以竹木为主要建筑材料，建造技术也较粗糙。

干栏宫殿混合式的建筑不多，在芒市可见这种形式。如芒市菩提寺大殿分为上下两层，下层中空，仿民间竹楼的底层，上层为殿堂，规模、形式和内部陈设都与宫殿式大体相同。但殿堂的顶部却又仿内地寺院正殿的重檐多坡面建筑，显然受汉传佛教寺院的影响。现将各地南传上座部佛教的主要佛寺情况分述如下：

1. 袜龙（大佛寺）

袜龙是西双版纳最高领主召片领住地的一所高级佛寺，它有权统辖整个西双版纳的所有佛寺。袜龙位于景洪宣慰街曼岗景背后的山顶上，周围绿树环抱，清幽静雅，是召片领全家以及曼岗景、曼帕萨、曼瓦、空柯4个寨子的人赕佛的场所。此寺建筑规模宏伟，造型美观，由大殿、戒堂、僧舍、塔、前廊、寺门等6部分组成。

从东面入山门后，即有一条前廊引导进入大殿。殿基高出地面3.6米，四面都有石级可登入殿，显得特别巍峨。整座大殿为三重檐式歇山屋顶，歇山的上部屋面纵向分成5段，中间一段稍高，依次向两端跌落，屋架坡度陡峻，呈凹曲形弧线；歇山中部和下部的坡面又各分成3段，也是中段高，左右两段稍低，坡面平缓且直。沿正脊和戗脊布置若干火焰状、禽兽状装饰物，正脊上竖有5座宝塔。这些精巧装饰，增加了大殿的富丽雄伟气派，是云南南传上座部佛教寺院建筑艺术的代表作。大殿坐西向东，右侧为戒堂（布书），正后方建一塔，塔左侧为僧舍。

2. 袜曼阁（曼阁寺）

曼阁寺位于景洪城郊。据说，曼阁寺建于傣历八四〇年（1477年），迄今已修缮3次。

此寺建筑分为大殿、戒堂、僧舍三部分，四周有围墙环绕。大殿坐西向东，右侧为戒堂，殿后为僧舍。

大殿以木架结构为主体，殿内有两排对称的16棵大型圆木柱（每柱高约12米，直径40厘米）做支撑，殿堂上部由梁、檩、椽、斗拱等组成。两排对称大圆柱的外侧，均联结着副梁，构成四周偏厦。由于大殿由中堂和偏厦组成，所以建筑形式即为重檐式。二重檐加上每重有三段跌落的坡面，外貌上给人以曲折多变的美感。上檐的坡度比内地佛寺檐的坡度陡（约45°），但下檐的坡度就比较平缓（约30°）。正脊两端和戗脊下端均向上翘，并各饰一鸟形。正脊中央饰有圆形宝顶数重，从底层开始逐层缩小，形成一串圆珠。屋顶盖瓦，并镶有若干块红、黄、绿彩色玻璃，增加了殿内亮度。殿前、后、左三方各开小门1道，供人进出。正殿西端的中部塑释迦牟尼佛像1尊，端坐于莲台宝座上。佛像高3米左右，身披红色袈裟，耳大面宽，略带笑容，凝视前方。莲台呈正方形，高1.7米，每方长2.5米，座边饰有象、孔雀、花草等浮雕，四周镶有许多圆形各色玻璃珠。宝座前设一供桌，上供鲜花、宝瓶、象、马等塑品，佛顶上方悬吊7尺左右方形华盖。佛座后方竖立1座尖山状屏风，两条巨龙从顶峰向左右两侧俯下，龙头在下昂起，龙尾在顶端交织。传说，释迦牟尼成佛前曾经用8把茅草为垫，后来坐垫变成了龙，在左右保护佛祖，因此后来即塑双龙于佛座的左右。

佛座的前右侧，筑有离地0.3米高的长方形平台，供僧侣坐着念经、拜佛、主持宗教仪式。附近安置1座小型塔亭，塔基座三方塑白象7头支撑着塔亭，造型精美，栩栩如生。据说这是取材于释迦牟尼骑7头白象战胜邪魔辟当的故事。

大殿外右侧建一座戒堂，也是二重檐殿堂式建筑，比较小巧玲珑。底檐下的四周有墙环绕，前方开一门，门前设小型门亭，上为歇山顶，两坡各分三段由里向外跌落。从庭院地面起步，登数级石阶经此门亭可入戒堂内。亭前雕置1对石象俯身于阶下，支撑着两棵立柱。石象的造型优美别致，独具匠心。

3. **大寨佛寺**

景谷城区的大寨佛寺也称官缅寺，位于县城外约1公里处原土司衙门右侧的小山丘上。据《威远厅志》记载："大缅寺在威城北门外，寺内有缅僧百余人，皆薙发，用黄布裹身，名缅和尚。寺中有塔二座，各高三丈余，昔土官刀汉臣所建。"（按：刀汉臣在清朝顺治初年为景谷土司）

1966年前，大殿已经崩塌，仅留下殿前两塔及一布书亭。1983年，大殿修复竣工，基本上保持原来样式和规模。但原大殿周围的矮土墙已改建成矮砖墙，壁上并装置玻璃，原大殿正面有山门1道，门前立石狮1对，现已将山门改在大殿前左侧，石狮已不存在。

大殿建筑为三重檐歇山式屋顶结构，规模宏大，连同走廊在内，宽15米，长20米。三重檐的坡面约呈30°，比西双版纳一带的大殿上层檐面坡度平缓。殿左右两侧的走廊上各竖7棵红色大型木柱，前后走廊也各竖4棵大柱。殿基高出庭院地面1米，可沿数级石阶登入殿门。石阶两旁有石狮1对。从大殿的外形观察，与内地汉传佛教的正殿相仿而不同于西双版纳类型的南传佛殿。但从殿内陈设、殿外的布书亭和佛塔形式来看，却又与西双版纳、孟连等地基本相同。

大殿正门东向。殿西端中部佛台上供一尊大型释迦牟尼佛像，盘腿而坐，袒露右臂，右手搁置在右小腿上，左手置于左腹下。佛座左前侧设僧侣念经拜佛的长方形平台，高出殿面0.3米，上摆放圆坐垫若干个。殿堂右侧及中部为信众听经拜佛的地方，厅内悬挂很多长幡，有的幡上绘唐僧取经的故事，显然是受内地汉传佛教传奇故事的影响。一个显著的特点是大殿内没有设立汉传佛教的诸佛、菩萨塑像，只在释迦佛像两侧跪着两个弟子塑像，体形稍小，削发合掌，形态温恭。这与内地佛殿和西双版纳一带佛殿内的塑像布局都是不同的。

大殿周围石基的外侧刻有许多浮雕，为各种花草、开屏的孔雀、头上长角的麒麟（拉乍细）等形象。

4. 谦糯寺

谦糯寺位于景谷县永平区西南面永碧公路17公里处的谦糯大寨侧边，当地傣族又称为袜龙（大寺）。1983年有僧侣33人。

整座佛寺由山门、大殿、布书亭、僧舍、拜佛者宿舍等几部分组成。

山门全仿内地汉传佛教的形式，高约18米，宽7米。正面设3道门，中为大门，两边各一侧门。整体为牌楼结构，上段为木质，下段为石质基础，底部为须弥座支撑着牌楼。顶部为三重檐，覆盖青灰瓦，檐角上翘。牌楼正中用汉文书写“清佛寺”3个大字，字体工整严谨，落款“乾隆戊戌季春谷旦”。重檐下有龙、云纹等浮雕。过去在山门外曾有照壁和1对石狮，“文化大革命”期间毁坏无存。不远处尚存1株高约30米、粗达数围的菩提树，青翠欲滴。山门内面的牌楼上也用汉文书写“福贵门”3字。从山门的结构、浮雕、文字等方面可看出受了汉族文化很大的影响。

大殿高25米左右，长22.5米，宽15.2米，面宽5间，进深5间，是一种三重檐围栏式建筑。整座厅堂主要靠几对平行大柱做支撑，顶盖青灰瓦。椽子较短，屋檐坡面平缓，约呈30°，与西双版纳一带的寺檐坡度迥然不同，而与滇西保山、永平、下关等地的重檐式民间楼房很相似。大殿四壁下为础石，上刻各种动物植物图像，如猎人驱犬出猎图、张弓射鸟图、喂兔吃菜图等。

大殿西端供释迦牟尼塑像，两旁为两位弟子像，一名帕召沙瓦戛在右，一名麻阿五八果在左（据说是水中的佛）。另在释迦佛的右后方还有一尊弥勒佛像，这些都是西双版纳、德宏、孟连等地所没有的。殿壁上绘若干金粉图案，厅堂左右两侧悬挂许多画幡，幡上绘各种故事，有《召树屯》、《翁帕罕》、《藏三亚》、《千瓣莲花》等内容，这些又是西双版纳、德宏等地佛殿陈设共同具有的特点。

尤其具有特色的是，在大殿正门外竖立的两棵对称雕龙檐柱，两条巨龙穿过柱心，头部从柱顶伸出，相向凝视，前爪各握一枚雕刻得十分精致的圆形彩球。

殿前右侧建有戒堂，旁边有专供入寺纳佛的老人住宿的宿舍。殿后侧为僧舍和厨房。

谦糯佛寺为云南省重点文物保护单位。

5. 袜楞（又称“官缅寺”）

袜楞是清代乾隆年间耿马宣抚司主持修建的一所总佛寺，位于耿马城郊，是耿马最高禅师按雅淌住持，也是耿马土司及其亲属拜佛的场所，又称“官缅寺”。在耿马南传上座部佛教中属最高一级，称“纳扎探”。清咸丰一至四年（1851—1854 年）、光绪二十三年（1897 年）曾两次重建。

此寺范围包括大殿、过厅、戒堂、塔、僧舍、庭院、围墙、寺门等部分。

大殿主体为砖木结构，殿内有两排平行的巨大木柱做主要支撑，巨柱外两侧又承接副梁，形成偏厦。中堂与偏厦组合为三重檐建筑，上盖青灰瓦。殿高约 30 米，宽 15 米，长 27 米。左右走廊宽约 3 米，走廊外有一道 1.5 米高的矮墙环绕。殿内西端的释迦牟尼佛像后还供列 8 尊泥塑像，除水神乌保谷外，其余 7 尊全是阿罗汉像，即阿拉含、阿底牙、微拔、关定牙、麻哈南木、阿达理、麻哈加乍（大肚罗汉），这是受内地汉传佛教的影响而不同于德宏、孟连和西双版纳的地方。大殿东端正门外增设一过厅，厅内竖两棵 6 米左右高的砖柱和 6 棵巨型木柱做支撑，地面铺青砖。过厅中部屋顶为一重檐一面坡，檐上方又增设一歇山顶，二面坡。因此这三面坡刚好错落在大殿的上檐与中檐之间。另外，过厅两侧的顶部又分别建有二重檐，并与大殿的中檐戗脊和下檐戗脊相衔接。这种布局使正殿和过厅形成重叠错落、富丽堂皇的外观。

大殿基座高出庭院约1米，从庭院起步跨数级石阶即可登入厅堂。石阶两旁竖立石狮1对，昂首蹲伏，作守卫状。础石外侧刻有家畜、花卉、龙、凤、狮等浮雕。过去庭院中还建有石塔1座。鼓房内有铜钟1口，高约1.6米，直径1米，重1 332.5公斤，上铸有“皇图巩固，帝道遐昌”8个大字，落款为“道光二十七岁次丁未仲夏十六旦世袭耿马宣抚司罕恩沛虔诚献”。塔和钟均毁于“文化大革命”期间。1981年以后，对大殿进行过修葺。目前全寺僧侣保持在30人左右。

6. 南丁掌寺

南丁掌寺是耿马孟定摆多（多列）派的一座佛寺，它位于耿马县的孟定旧城区，始建于傣历八二七年（1645年）。

此寺的建筑属于干栏式，完全模仿傣族民间竹楼形状，德宏、耿马的摆多派佛寺即盛行此式。南丁掌寺的大殿和僧舍都是一楼一底的楼房，顶为二重檐建筑，覆盖茅草。在庭院内设一木梯登楼。正殿设在楼上，一侧塑释迦佛像，高约1米，供于特制的小龛内。龛下方另辟有专供僧侣诵经拜佛的地方，俗人不得随便进入。厅堂楼面上为信众拜佛听经的地方。殿内柱上有许多贴金图案，悬挂若干短幡。殿左右及后方都设僧房，供僧侣住宿和做饭之用。南丁掌这类佛寺建筑及内部陈设都比较简朴，保持着浓厚的傣族民居楼房特点，不如宫殿式殿堂高敞富丽。

7. 广允寺

广允寺位于沧源县城内勐董大街北部，属芒广允寨管理。建造年代，一说是在明万历年间，另一说是在清道光年间。1945年重修了一次。今寺院围墙已经残破，僧舍无存，唯有大殿保存原来风貌，雄伟壮观。

大殿基座高出地面1米。殿面宽9.6米，进深13米。整座大殿是以围廊式殿堂和附设的一厅阁组成。

厅阁建于殿堂大门前，形成一过厅，有4棵巨柱做支撑，前2柱上各雕1条巨龙，一爪前伸，另一爪踏住云层，尾和身回旋而上，龙头昂起，作抢宝状。厅阁上部为重檐歇山顶，第一檐与大殿的下檐基本相等，第二檐与大殿中檐相等。在这二重檐之间及大殿的中檐和上檐之间，连接处再加二重檐，所以此厅阁的外形呈多重檐交错起落的状态，甚为壮观。

大殿外貌为三重檐歇山式，底檐下的两侧及背面均有围廊。

殿内排立两行巨柱，柱上梁上均饰有许多金水图案，绘以各种花卉。其他殿内陈设与西双版纳等地基本相同。

殿前门楹和6扇格子门上都有木雕，雕刻技艺精美，受到内地先进文化的影响。

1988年，国务院公布广允寺为全国重点文物保护单位。

8. 喊撒寺

喊撒寺位于瑞丽县城郊喊撒寨，为多列派佛寺，信徒称之为“奘”，故又称为“喊撒奘”。1912年开始扩建，占地面积800平方米。历史上曾有过5代高僧。佛殿为干栏竹楼式，沿东西向纵长布置，大殿、僧舍都是两层的楼房，楼下中空，楼上布置殿堂或宿舍，设木梯登楼。

这类佛寺建筑用许多木柱做支撑，用木板铺楼面、装墙壁，从前普遍用茅草盖顶，现以铁皮盖顶。大殿和僧舍都是二重檐建筑，屋顶坡度与瑞丽民间楼房一致，大抵为30°，其形式与西双版纳、孟连、景谷迥然不同。

9. 菩提寺

菩提寺，傣语又名“奘相”，意为宝石寺，坐落在德宏芒市镇，寺初建于清康熙十四年（1675年），是芒市镇上保存比较完整的一座古寺。“文化大革命”前，还存放着清朝雍正皇帝特赐的巨匾1块，上书“佛光普照”4个大字。

大殿形制为一种竹楼宫殿混合式。整体建筑用36棵木柱做支撑，楼下中空，楼面离地1.5米左右。殿堂设置在楼上，高约20米。中堂之外连接偏厦，顶部呈二重檐结构，坡度平缓，与内地佛殿一致。堂面宽敞，可以容纳数百人拜佛。殿壁、门窗、楼面、梁、椽、斗拱均用木制。大殿正门前辟一小过厅，歇山屋顶，略低于正殿的下檐。过厅两侧设走廊，有座位供人休息，并可从殿门入内。走廊顶部另设檐面，又低于过厅的檐面。这样从外观上给人以多重檐相叠交错、曲折多姿的印象。从庭院可沿10多级石阶登楼，并经过厅入大殿。殿内只供释迦牟尼佛像1尊，四壁有彩色绘画，梁上悬挂许多幡画。殿内其他陈设与西双版纳相同。僧舍也是木质楼房建筑，设于殿后。登大殿的石阶两旁各塑怪兽1尊，造型为龙尾龙身、象头象鼻、鹿角鹿耳、马腿马蹄、飞鸟翅膀。关于此怪兽的来源，传说释迦牟尼成佛后，他从前的武官"混尚"不服，要求比武，结果"混尚"输了，只得依约变成一头怪兽，给释迦牟尼守卫大门。

殿前庭院一侧设小型戒堂（德宏傣语称"朵罗"）。寺门外雕立石狮1对，作守卫姿态。从远处眺望，整座菩提寺重楼叠阁，斗拱飞檐，有内地寺观气派，显然受到汉传佛教寺院建筑的影响。但从大殿底层建筑形式和殿内陈设布局来看，又保持着边疆南传上座部佛教建筑的特点。

1956年，菩提寺曾经供过佛牙，并举行了盛况空前的佛牙摆。1965年列为德宏傣族景颇族自治州重点保留寺院之一。"文化大革命"期间，除佛像、经书被毁外，其余建筑基本保存。1981年开始修缮，重塑佛像，重新开放，成为国内外宾客参观游览或拜佛之地，又是德宏州芒市地区举行重大佛寺活动的场所。现有住持比丘1人（任州佛教协会会长）、沙弥3人。

10. 奘　喊

奘喊，德宏傣语为金寺之意，汉族又称为五云寺，位于芒市镇内，与菩提寺毗邻。寺建于清康熙四年（1665年），由大法师卓咪密从泰国的清迈来芒市设计建筑。据寺内保存的木匾记载：首任住持大比丘名法纪，二比丘名混相（按：混相为芒市土司方廷定之子）。原寺地址坐落在城子东北头，属润派。清嘉庆七年（1802年）迁至今地址，改属摆奘派。

1945年，奘喊被日本侵略军用汽油烧毁。1946年，信众用竹料搭成一简易经堂。1948年，由信众募捐和土司资助重建为木结构的殿堂。"文化大革命"期间，大殿、经书和大铜佛1尊均被毁，大殿木料被拆去兴修公社挂面厂。现仅存约0.3米高的小铜佛1尊（傣语名"召各勐"）。

从前，寺旁曾有5株参天大树，树上常有许多白鹭栖息。人们从远处眺望时，似见5朵白云缭绕，故得"五云寺"的美称。

1984 年开始重建，1985 年落成，现为落地宫殿式佛寺。

11. 东那寺

东那寺坐落在景谷县钟山乡东那寨，傣语称“袜东那”，是云南边陲地区的傣族南传上座部佛教寺院，建于清光绪五年（1879 年）。殿堂坐西向东，前为山门，大殿居中。右侧为布书亭，殿后是僧舍、后门，总面积 1 000 多平方米。大殿构筑仿内地汉传佛寺的二重檐歇山顶围廊式，高 9 米，面阔 5 间，进深 7 间。殿内供一大型释迦牟尼佛像，体表涂金，端坐佛台上，头戴尖顶盔冠，两耳宽大垂肩。佛台前还供有信众敬献的若干小型佛像及供品。佛像左右跪侍着两弟子塑像，合十恭侍。殿内幡幢很多，气氛肃穆。大殿木质格扇门上雕龙刻凤，隔板上有各种鸟兽花草图案，特别是两副木刻窗花《麟凤呈祥》图案，技艺精湛。门头上高悬“普洱府威远厅光绪五年敬立”的“法界庄严”匾额。戒堂为亭阁式建筑，三重檐，攒尖顶，高约 5 米，四面各宽 5 米，玲珑别致。

12. 中城佛寺

中城佛寺位于孟连县城内，傣语称“袜冈”。据《孟连傣族土司的历史》记载，傣历八四三年（1481 年），佛教由缅甸传入孟连时即在城内建立中心佛寺袜冈，后历经几次战争，佛寺被毁。现在佛寺是傣历一二七二年（1910 年）所建，1987 年又加修葺。此寺为宫殿式三重檐歇山顶围廊建筑。前为山门，上悬“中城佛寺”4 个大字的匾额。沿石级而上即是大殿，殿外回廊有若干短柱支撑，无护墙，殿左侧为僧舍。殿脊正中饰宝顶，屋面铺青灰瓦，面阔 5 间，宽 17. 8 米，长 22. 8 米，殿内 24 棵大柱上均用金粉贴印花卉等装饰。佛台上供 3 尊释迦牟尼佛像，镀金身，头戴塔形冠，结跏趺坐，袒露右臂。殿壁隔板贴印佛像、佛塔、孔雀、花卉等图案。

13. 奘崩龙

奘崩龙（即崩龙佛寺，崩龙现称德昂族），位于盈江县弄璋乡南算寨，是距今约 180 年前德昂族遗留下来的一座南传佛教寺院。德昂人迁走后，南算寨即由傣族居住至今。这座古寺曾经傣族佛教信徒加以修葺，面积和高度略有缩小，但形制仍仿从前。此寺为一长方形二重檐干栏式（原系三重檐）建筑，长 12.7 米，宽 10 米（原长 16.7 米，原宽 14 米），楼的下层高 1.1 米，中空无壁，人可通过。木质房架结构，瓦盖顶，若干直径约 1 米的粗大殿柱支撑整座佛殿，柱脚安置在圆形石墩上。沿木梯上楼，楼面铺着木板，大殿就设在楼上，四壁原装木板。房架枋上还有白木浮雕，图案为双凤朝阳、二龙戏珠、龙凤呈祥及花卉等类，显然受到大理、保山一带汉传佛教雕刻艺术的影响。殿内一端设一大型释迦牟尼佛像，坐于莲台上，身披红色袈裟。台前还供若干由信众敬供的木雕、石雕或木雕包铜的小型释迦佛像。殿内一角保存德昂族信徒遗留下来的 1 具牛皮大鼓，鼓身由一截长 2.8 米的大圆木刳空中心，两端蒙上牛皮而成。鼓面大头直径 1.2 米，尾端直径 1 米，敲击时声音特别洪亮，传播范围很广。其他德昂族村寨佛寺的形制与此寺大致相仿。

（二）塔

云南南传上座部佛教的佛塔形式多样，技艺高超，大者高达三四十米，小者只有几尺高。塔体多用砖石砌成，外敷石灰涂料，有的还要绘彩或贴金。塔身、塔刹均为实心。塔基下的地宫内往往藏舍利①、碑刻、经卷等。部分塔与寺同一院落，成为寺院建筑的组成部分，有的建于寺外不远处，彼此对应，也有少数塔远离寺院，孑立山野。

每座佛塔都是由塔基、塔身、塔刹组成。塔基一般是四方形平台，高出地面 1 米左右，也有双层平台的。塔基之上为塔身，有六角形、八角形和圆形等多种，有的塔身周围还设置若干佛龛，内供小佛像。塔身之上为塔刹，结构也是多层次的。下部为一覆钵状圆形体连接着塔身，覆钵状体之上为多节的环状体，由大而小逐渐收缩，呈矗立的竹鞭形，再上设塔针，针四周环绕数重铁制伞状物。所以从外形看，每座佛塔从基础往上，层层叠叠地由粗而细，逐渐收缩，形态变化多姿。

① 舍利是梵文 Sarira 的音译，原指释迦牟尼遗体火化后的骨灰，后来也泛指佛教高僧死后火化的骨灰。

各地南传上座部佛教的佛塔，归纳起来主要有下面几种形式：①螺旋式，这类塔的塔基之上为圆形塔身，并由下往上逐渐收缩，接着是一覆钵状体，再上安置塔针，整个佛塔的形态似一螺旋体。②竹鞭式，塔的中部由若干层莲花座和若干层须弥座相叠而成，下大上小逐层收缩，中间突起许多环节，远眺很像矗立的一条竹鞭。③覆钵式，塔身呈一覆钵形状，盖在塔基上，覆钵之上安置塔刹和塔针。④叠涩式，塔身为多边多层物体压叠而成。塔刹底部为覆钵状体，往上为若干串连的环节，再上为塔针。

各地尚存的佛塔，有代表性的如下：

1. 曼飞龙塔

曼飞龙塔位于西双版纳景洪县大勐龙区曼飞龙寨的背后山顶上。建筑年代，一说距今已400余年，一说建于傣历五六五年（1204年），距今700多年。曼飞龙塔由1个大型主塔和环绕四周的8个小塔组成群塔，从远处望去，形状酷似一蓬竹笋，因而当地群众又称为笋塔。塔基为数层叠起往上缩小的圆盘。主塔高16.29米，周围小塔各高9.1米，均呈螺旋形。塔刹尖端装置着天笛和佛标，山风起时，叮咚作响。8座小塔的前面各设小型佛龛，内供佛像，歇山顶上另饰微型小塔。主塔的南边有扇小门，里面两尊金身佛像守护着1个长80厘米、宽58厘米的脚印和脚印前的1口井，井里泉水不竭。笋塔右侧还建有1座塔房，供人休息。房前石坎上雕塑1对石狮相向站立，另有一石狮面对群塔作守卫状。过去，东南亚一带前来朝塔的香客四时不绝，善男信女都要舀回1壶仙水，分赠亲人。1980年以后，政府特拨专款将群塔修饰一新，香客和游人络绎不绝。1988年，国务院公布曼飞龙塔为全国重点文物保护单位。

2. 曼苏满塔

建筑在景洪县橄榄坝曼苏满佛寺内，单塔。塔基呈方形，四角各有蹲兽1尊。塔身为折角“亞”字形，从下往上以三层逐层缩小的须弥座相叠而成。塔刹底部似一覆置的喇叭，上饰环状线脚，再上还有一些金属制作的轮状饰物，呈许多“串”字形。整个佛塔造型秀丽，是各地所有单塔中的一种普遍形式。

3. 树包塔

在景谷县城郊的大寨佛寺内，保存两座清代佛塔，左塔名叫“树包塔”，右塔名叫“塔包树”。据《威远厅志》记载：“大缅寺在威城北门外……寺中有二塔，高三丈余……左塔中生缅树，其枝从石缝中周围伸出，枝叶甚茂，塔石不崩，至晚上众鸟聚集欢鸣于上，缅僧皆奇焉，名曰塔树，至今犹然。”根据《威远厅志》的记载推算，此塔已有350年以上的历史。左塔的塔基为正方形，每方长4米，四角各有一石刻浮雕大力士像作使力支撑状。塔身连同塔刹呈葫芦形。塔身四面还有不少砂石浮雕，如唐僧西天取经图以及飞龙、飞马、孔雀、鹭鸶、马鹿等图像。塔顶端有1株高20余米、粗约1米的古老菩提树，枝叶繁茂，宛如一绿色巨伞撑在顶端，粗壮的根从四周向下伸展，紧紧缠抱着塔体，因此称之为“树包塔”。

右塔的塔基也是四方形，高约2米，均为砂石砌成，上有浮雕图案。塔基以上渐呈莲花状向上张开，高2米。再上为灰砖砌成的圆形塔身，下粗上细逐渐收缩，形成覆钵状。塔顶也有1株粗壮菩提树呈伞形张开。远处望去，宛如一特大花瓶竖放于庭院中，因此称为“塔包树”。

4. 勐丁塔

勐丁塔又名“允雁塔”，坐落在盈江县城郊外的允雁山上，始建于中华民国36年（1947年）。塔基为四方形，周长约80米。塔基上的第一层每方有7个小塔，合计28个塔，每个塔底部前方各设一佛龛，内供小型佛像。往上第二、三、四层，每层4个小塔，无佛龛。最上一层为大型主塔，高20米，塔形雄伟，高耸于群塔之巅。这41座佛塔由下而上逐层升高，排列在各层台基上，立体感强烈，十分壮观。群塔的造型相同，底部为方形塔座，座的上部为仰莲状体，又上为一覆钵形塔身，表面饰许多环形线脚，再上安置金属塔帽，并悬挂若干金属片和铜铃，最上为塔针。

“文化大革命”期间，勐丁佛塔曾被毁坏。1982年，当地人民政府组织力量修复，1983年完工。现被列为云南省重点文物保护单位。

5. 风平塔

风平塔位于德宏芒市镇郊外9公里处。根据傣文记载，风平塔和风平寺大殿均建于清雍正六年（1728年），至今已有200多年的历史。寺、塔占地约4 000平方米。据说风平塔是由7个比丘聘请懂得建筑技术的弄门比丘前来主持建造的。公元1805年，芒市大地震时，震坏了塔尖，后修复。中华人民共和国建立以后，曾数次修缮。“文化大革命”前，风平佛寺有大金塔两座，殿前一塔的塔基为方形，塔身平面为折角“亞”字形。下部对称的四方都有佛龛，内供佛像，龛顶及两侧均饰小塔。塔刹的下部结构如一圆形喇叭，上饰多层环状线脚。塔刹上部为金属尖状物，四周悬挂许多小铜铃。

寺、塔的围墙外，有许多参天大青树和一泓清澈的水池，风景优美。每年当地傣族、德昂族群众在这里举行干朵节，唱傣戏、表演舞蹈和武术，教徒们则虔诚拜佛。

现在的风平佛塔是1990年后重建的，形式较原塔有些变动。

6. 景坎广母

陇川县景坎区附近的小丘上有一座古塔，名叫景坎广母（广母即佛塔），建于明朝天启三年（1623年）。主塔高22米，底部直径8米，四周还有8座小塔，高12米，底部直径3米，各小塔的塔座前均设佛龛。塔的上部雕有各种动物和人像。每年傣历四月十五日至十七日及十一月二十三日，傣、德昂、阿昌等族人民到这里举行拜佛活动（赶摆），邻县和缅甸的部分群众也都来参加盛会。中华人民共和国建立以后，集会拜佛活动照常进行。“文化大革命”期间，景坎广母于1969年被炸毁，赶摆活动也被迫停止。

1978年以后，落实民族政策和宗教政策，陇川各族人民于1980年2月29日至3月2日，恢复了传统的景坎广母赶摆盛会。接着由各族群众自筹资金9万余元，于1981年冬至1982年春重建景坎广母群塔，主塔高10米，周围小塔高5米。四周筑起围墙，并新建佛堂1间，僧舍1幢，又修整了通往佛塔的道路80多米。现有4个僧侣主管佛寺和佛塔。

7. **姐勒塔**

姐勒塔，傣语称“广母贺卯”，位于瑞丽县城郊姐勒寨旁的山丘上，它是一组历史悠久、建筑精巧的群塔，在德宏州和缅北一带享有盛名，每逢赶摆节日活动，国内外前来朝拜和游览者数以万计。

傣族民间传说，姐勒塔已传7代，历史久远。1980年10月清理塔基时出土的银牌上的傣文记载，此塔至少已有200多年历史。

1923年所撰《勐卯地志·序》说：“俗传其地发现佛骨，形状色泽大小不一，往往于夜间大放光芒，五光十色，极为奇丽。迷信者见之，逐渐地觅获，建塔其上，并立奘房祀之。”又载：“姐勒之金塔，为数十七，建立年代远不可考。塔之居中者最大，余依次环列，亦依次缩小。悉用金涂其表，旁围石栏，次环走廊，中置钟鼓狮象之属，又次围以高塔。……其塔之高者，耸入云霄，遥望之金光夺目，层级分明，光华皎洁。工作亦极精良，所谓天工鬼斧，难似真巧也。”

1966年以前，塔、寺基本上保存完好。群塔都是实心的砖石结构，均由塔座、塔身、塔刹三部分组成，塔刹之上另饰伞盖、风标、铜铃。主塔居中，高20余米，四周又有16个小塔环绕着主塔。每座小塔的座部前方均饰方形佛龛，内供石雕佛1尊，龛顶脊上有动物雕像。塔身涂金，光彩夺目。

主塔四方立石狮4个，有铜钟4口。寺内供铜铸大佛2尊，玉石雕佛1尊，泥塑大佛1尊。

中华人民共和国建立前，有寺塔田50多亩，由瑞丽土司收租后，留在姐勒寨供10多个僧尼食用。寺、塔所在的园林占地约4亩，种植花草、竹木。

姐勒塔是德宏地区有名的古代建筑，建筑艺术的形式与仰光的瑞广塔相似，是傣族人民吸收外来文化和技术后创造的民族艺术形式，为傣族人民建筑艺术中的珍品。历史上曾经几次地震，塔尖被损坏。相传瑞丽广母贺卯是东南亚5座大塔之一，地位与缅甸瑞广塔并列。民间传说瑞广塔是埋佛发之地，瑞丽的姐勒塔是埋佛骨之地。

1966年，“文化大革命”初期，姐勒塔、寺均遭到破坏，地址曾经一度被人占用。

1981 年，国务院宗教事务局批准了瑞丽县人民政府《关于重修姐勒塔的报告》，并拨专款 7 万元，动工修复主塔。同年 11 月由县人民政府组织有关单位人员组成重建金塔领导小组，负责主持重建工程。根据原存金塔照片、历史文字记载和信教僧俗人民的意见进行设计施工，基本上保持原来的形状和风貌。至 1983 年 4 月，主塔全部竣工。新修复的主塔高 39.5 米，塔底面积 12 平方米。塔身上半部涂金粉漆，下截刷石灰浆，塔底圆盘外围用水磨石制作，四面均镶孔雀图案。

1982 年 2 月 25 ~ 27 日，举行主塔落成典礼，国内外前来瞻仰朝拜的人数以万计。泰国和缅甸的东枝、腊戍、瓦城、木姐、南坎都有信徒来参加，其中腊戍来了 10 多车人，南坎 3 000 多户人家几乎家家有人来，勐幕有 100 多位老人步行 5 天，赶来庆贺。

8. 曼崩铜塔

曼崩铜塔竖立在勐腊县城郊 2 公里的曼崩寨边，呈“亞”字形的三层佛塔，高 10 米。原塔身外表包一层铜皮，塔刹全为铜质。据傣历一一二〇年（1758 年）所立的曼崩塔碑文记载：“勐腊有铜塔一座，始建者是塔木密拉。又在傣历一一二一年以玛哈维亚伴亚的祜巴为首及各界子民重修此塔，涂以灰色，用铜包之，并造像修殿，花银三万，历时三年。”可知此铜塔始建于清代乾隆年间，后遭到破坏。1983 年加以维修，恢复原貌。

9. 景恩塔

景恩塔坐落在勐海县勐混乡的景恩山上，据傣文经书《旦兰塔景恩》的记载，此塔为勐混地区第一代僧侣几达公满建造。又据景恩塔碑文记载，此塔曾经在傣历一四一年（779 年）、一一三三年（1771 年）、一一三九年（1777 年）修葺过 3 次。故知景恩塔始建于唐代，是西双版纳古塔之一，迄傣历一二九五年（1933 年）又在塔基四角增建 4 座小塔，成为以大塔为中心的一组群塔。傣历一三一一年（1949 年）勐混地震，塔被震坏。傣历一三一五年（1953 年）重修时，在过去基础上又增建 4 座小塔。“文化大革命”中，此塔又被破坏。1983 年，由当地群众集资重建的景恩塔，既保留了古塔的风格，又增加有新的建筑体。主塔高约25米，周围8座小塔均高约6米。主塔座四壁均绘有花草、游龙图案，整体结构美观，工艺精致。

10. 芒洪八角塔

芒洪八角塔位于澜沧县惠民乡芒景寨边，为清代建成的布朗族地区南传佛教的佛塔。此塔为八角形攒尖顶空心石质砖塔，通高5.8米，由塔基、塔身、塔顶三部分组成。塔基、塔身共有7处石雕图像。塔身内为空心，西面开塔门一道，供人进出。两层塔檐均盖瓦，并呈八角向上翘起。塔顶则呈缩小了的八角攒尖顶，檐下还绘古兵器图像。此塔是布朗族地区罕见的古塔。

（三）布书（戒堂）

每个中心佛寺都建有一所戒堂，傣语称作“布书”或“屋书”。每月的十五、三十两天，各基层佛寺的比丘都要沐浴更衣到中心佛寺，齐集在戒堂内诵经、忏悔，并协商处理各寺的宗教事务。戒堂也是举行晋升比丘仪式的地方，因此不许比丘以下的僧人入内，甚至不许妇女接近布书亭。择要分述如下：

1. 曼苏满戒堂

景洪县橄榄坝曼苏满佛寺的戒堂（称“屋书”）是一种类型，建筑形式、风格都与大殿基本相同，不过规模比较小巧、精致。戒堂顶部为两重檐歇山顶，上檐的两边和下檐的四边都是三面坡，中坡略高，两侧略低。檐下有高墙环绕，上开窗户。屋脊上装饰佛塔和若干鸱吻。

2. 景真八角亭

勐海县景真八角亭是景真中心佛寺（袜纳乍滩）的一座戒堂，同时也是西双版纳的一处名胜，位于勐海城西16公里的一山丘上。原来八角亭与景真寺同在，后来寺毁，只保存此戒堂。据傣文史书《博冈》记载，景真佛寺曾经三次修建，两次搬迁，最后一次建于傣历一○六三年（1701

年)。可知景真八角亭最晚也当建于公元1701年，距今约300年。此亭高约20米，下部有高台须弥座承托；亭顶周环八角，每角都叠起10层傣式屋阁，均为双坡悬山屋面，由下而上逐层重叠收缩，最后在顶端覆一伞盖。屋阁顶均盖以金光闪烁的琉璃瓦，阁檐上饰金鸡、凤凰形象。亭中供释迦牟尼塑像。

据说八角亭的八个角是代表佛祖左右的八位高僧，而亭的四道门开向东南西北又表示佛教向四方传播。

1988年，国务院公布景真八角亭为全国重点文物保护单位。

3. 景谷大寨布书

景谷县大寨佛寺的大殿左侧设有一座戒堂，当地称“布书”，是用四根大柱做支撑的三重檐亭台式建筑。基础为石质，砌成四方形，每边长6.5米，亭的四角下部雕塑四个大力士(傣语称“岩宰龙”)，用双肩使力撑着布书，臂部肌肉隆起，脸上肌肤紧缩，眼珠突出，牙关咬紧，造型逼真。从庭院地面可沿数级石阶登上亭内。亭的底层四周还围一道矮墙，内设坐垫若干，是众比丘诵经、忏悔、会商佛教事务的地方。第二层、第三层仅作装饰。这三层亭台往上逐层缩小呈塔形，顶端盖瓦，四面石础上还有一些浮雕。

4. 景谷谦糯寺布书

景谷县谦糯佛寺大殿的前左侧，建有一座布书亭，系三重檐木石结构的建筑。基础部分为石质，呈正方形，高1.5米。石础之上为木质塔形结构，底层稍宽，二、三层逐层缩小。沿着石阶可以登入亭的底层。每层亭壁上都有许多浮雕，并开两个窗口通光。

(四)雕塑和壁画

1. 雕　刻

雕刻主要有石质浮雕和木质浮雕两类，多在佛殿或戒堂的础石和门窗上，也有的在佛塔基部和寺院山门的牌坊上。内容多是当地的各种动物、植物形象以及佛教的历史传说故事等。

例如景谷大寨佛寺戒堂的础石上，有龙、凤、象、孔雀、花卉等浮雕，形象都很生动活泼，其中雕有一对鹭鸶伫立在两片荷叶上，左边一只将头掩藏于羽翼下作憩息状，右边一只举头仰望长空，若有所思；另有一对白兔嘴含花草，漫步于原野。特别是础石的四角各雕刻一个大力士用双肩力撑亭楼的形象，十分生动。

沧源县勐董寺和景谷县谦糯寺的大殿门外木柱上都雕有两条巨龙，穿过木柱伸出头颈，张牙舞爪作抢宝之状，制作技艺精湛。谦糯寺大殿四壁的木质槅扇窗上，有镂空的各种浮雕，立体感强，除有花、鸟、公鸡、白象、狮子、麒麟、飞鹤、虎豹觅食等形象外，还有武松打虎图、身着汉服的文官武将图、哪吒闹海图以及百凤朝阳图、雪发寿星图等。

2. 塑　像

南传上座部佛教流行区，佛像的塑造与内地佛教有所不同。西双版纳、德宏、孟连等地的每座佛寺内都只供释迦牟尼塑像，大型像一般高约2～3米，两耳垂肩，面颊宽阔，嘴宽唇薄，两眼微睁，凝视前方，盘坐于莲台宝座上，神态朴实端庄。泥塑佛像居多，也有少数铜铸佛像。大佛像下还有若干尊由信众敬献的数寸高的小佛像。在景谷大寨佛寺内，除供一尊巨型释迦牟尼塑像外，两侧还跪着释迦牟尼的两个弟子像；耿马城区总佛寺内，除供大型释迦佛像外，后侧还供一水神乌保谷和7个罗汉像。

佛像的塑造以河砂拌糯米饭作黏合剂，用砖砌成佛座，上竖柏木料一截作佛像脊骨，又用铁条架设四肢，由下往上地塑至心脏处暂留一穴，待全像告成时，才把金属打制的心脏安放穴内，随即密封。最后还要给佛像涂漆染彩，贴上金箔，并举行开光仪式。

西双版纳的宣慰街大佛寺（袜龙）以及景洪曼阁佛寺大殿内，都有并立的数头巨型泥塑白象，制作技艺高超，形态逼真，是南传上座部佛教雕塑艺术中的珍品。据说是取材于释迦牟尼曾经骑着白象战胜辟当的故事。

3. 绘　画

绘画艺术比较集中地反映在佛寺大殿的四壁、梁柱和挂幡上，题材丰富，技法精湛，一方面突出地表现了民族特点和地方特点，另一方面也吸收了祖国内地文化和东南亚佛教文化的一些内容。如在德宏、景谷等地的佛寺壁画中，有《西游记》中唐僧取经的故事。各地佛寺的墙壁、梁柱和挂幡上都有许多佛本生故事。其中有一种金水画是傣族、布朗族、德昂族、阿昌族等南传上座部佛教流行区的独特绘画形式。金水画的制作要求先将底层涂成暗红色，又用纸剪制各种图案贴于底面，再在图案上涂饰金粉。其图案一般为塔、亭、佛像、藤蔓、花卉及其他几何图形。

有的壁画反映了佛教的因果报应观，描绘世人或因生前行善事、喜布施，死后升入天堂者；或因生前不礼佛、作恶多，死后被打入地狱者的场面。例如，悬挂在西双版纳宣慰街大佛寺内的一幅《天堂地狱图》，此图分为上、中、下 3 层，中层有一房分作 9 格，住九神，除一神留守外，其余八神都去人间巡视善恶。房的入口处有一神手执一簿，司查死者生前善恶，执法神据此指给人们上天堂或入地狱之路。上层为天堂，有 16 层天，入第一层，有袋装食物，可任意取食；第二层，男女可自由恋爱；第三层，男女隔离，潜心修行；第四层以上，世间万物中凡想要得到的东西，招之即来；第十六层，满目空旷，一切皆无，唯有太阳照射。16 层以外，还有一最高境界——允力板（佛教的最高境界即涅槃）。下层为地狱，占全图的 2/3。上天堂路窄，下地狱路宽，凡生前积善好赕佛的上天堂，积恶不赕佛的下地狱，若是善恶各半，可自由选择。地狱内执法神面目狰狞，各死者正依其生前所犯罪恶，遭到相应刑罚。如对佛祖许愿不诚或对官家撒谎者，用鱼钩钩住舌头，悬吊空中；办事不公、心术不正者，剖腹取心；思想不轨、行为轻浮者，以竹签敲入头顶。《天堂地狱图》在南传上座部佛教信徒中影响很深。

佛寺壁画中，有许多是以民间流传已久的故事和叙事长诗为题材的，也有描绘人民群众的劳动、生活、娱乐、狩猎等活动及与生活有关的各种动植物的。例如，西双版纳勐遮佛寺壁画中有一幅描绘村民出行的场面，众人端坐在象背上的阁栏中，前端有一男子持笛，另一少女头戴斗笠紧坐于后，其余群众也都穿着傣式服装，充满傣族农村生活气息。还有一幅是以傣族故事《召树屯》为题材创作的组画，描写召树屯来到湖边找到了孔雀公主婻木诺娜誓订终身的经过。又有一幅《欢宴图》壁画，描绘傣族中的统治者正在沉湎于饮宴作乐的情形，一群少女头顶酒坛，服侍在贵族的左右。

七、近现代高僧简历

（一）松领阿戛牟尼

阿戛牟尼是南传上座部佛教润派僧侣，傣族，西双版纳傣族自治州景洪县人，世俗称他为祜巴勐，生于公元 1899 年 12 月 9 日，圆寂于公元 1974 年 10 月 12 日，享年 75 岁。

1913 年，松领阿戛牟尼在版纳景洪的袜龙佛寺（大佛寺）初受戒为僧，傣语称作“帕”（学僧），1923 年升为督（比丘），1936 年受具足戒升为祜巴（佛教长老），1947 年升为沙密（沙门统长老），1956 年由中国佛教协会主持，又升为松领阿戛牟尼（大僧正长老）。

松领阿戛牟尼是我国南传上座部佛教近现代人物中的一位爱国爱教的大长老。中华人民共和国建立后，他历任中国人民政治协商会议全国委员会委员、中国佛教协会副会长、云南省人民代表、中国佛教协会云南省分会会长、西双版纳傣族自治州佛教协会会长。1956 年，应缅甸政府和缅甸联邦佛教协会的邀请，他曾任中国佛教代表团团长率领中国佛教代表团前往缅甸参加佛陀涅槃 2 500 年纪念活动及第六次结集大会闭幕典礼，在缅期间他受到缅甸政府领导人的亲切接见和朝拜。会后，中国佛教代表团又从缅甸迎奉佛牙回国。1960 年，应缅甸政府的邀请，松领阿戛牟尼随同周恩来总理率领的中华人民共和国访问缅甸联邦代表团，前往参加缅甸联邦第十三届独立节庆祝大典，并对缅甸进行友好访问。1961 年 4 月 13 日，周恩来总理亲临西双版纳傣族自治州参加泼水节时，他受到周总理的亲切接见，同时合影留念。

（二）松领布朗

松领布朗，公元 1895 年生于西双版纳勐海县，南传上座部佛教僧侣，布朗族。1911 年，他在版纳勐海的布朗山地区入寺受戒为帕，1917 年升为督，两年之后升为督龙。1927 年由于他持戒虔诚，通晓佛理，信众拥戴，升为祜巴，1933 年进一步升作松领（大长老）。

松领布朗是西双版纳布朗族地区南传上座部佛教润派中职位最高的宗教长老，他不仅在国内布朗山地区佛教界和群众中有很高的威信，而且与缅甸境内的布朗族佛教徒有密切联系。他每次外出做法事活动时，教徒们都用八人大轿接送。每年布朗山地区举行重大的宗教节日活动，缅甸境内的布朗族佛教徒和僧侣都要前来拜佛，并参拜他。

中华人民共和国建立后，松领布朗一直拥护人民政府的政策，爱国爱教，1956 年由中国佛教协会主持升他为松领阿戛牟尼。他还历任云南省政治协商会议委员，1963 年任中国佛教协会云南省分会副会长。1965 年圆寂。

（三）伍古腊

伍古腊，生于公元 1900 年，俗名“方克政”，德宏傣族景颇族自治州盈江县莲花山人，是傣族中著名的佛经学者和南传上座部佛教长老。1910 年，伍古腊在莲花山入奘罕寺为召尚（学僧），民国 19 年（1930 年）离开奘罕寺到盈江新城的芒吊寺任召闷（比丘），1938 年到新城鼠头山佛寺，1946 年又从新城去盈江旧城建立多公佛寺，并任大长老。

中华人民共和国建立后，伍古腊曾数次到全国著名的佛教丛林参学。他历任云南省德宏傣族景颇族自治州佛教协会会长、中国佛教协会云南省分会副会长、中国佛教协会副会长、政协云南省委员会常务委员等职。他曾多次接见一些来华访问的外国宗教代表团。数十年来伍古腊从事佛学研究，造诣高深。1972 年 11 月，圆寂于德宏州的芒市。

（四）英德戛

英德戛，生于公元 1910 年，南传上座部佛教多列派僧侣，耿马县孟定区允相寨人，傣族。1917 年，他随父母迁居允景寨。同年在允景入佛寺为召尚（学僧），1926 年升为闷长（比丘），1937 年又到缅甸的勐来学经，并升为闷召（长老）。1944 年到缅甸的景喜学经 5 年，1951 年到泰国的曼谷、缅甸的仰光和曼德勒等地拜佛，并在曼德勒升为闷召龙（大长老）。同年4月回国后即在孟定以允景佛寺为中心，吸收了50多个少年和尚，又在允相、弄门、那来等7个村寨建立佛寺。英德戛在孟定一带佛教僧侣和信众中有很高的声誉，并与缅甸佛教界保持密切联系。1958年，他被选为云南省佛教协会副秘书长，1982年又被选为中国佛教协会常务理事。

（五）英达片雅

英达片雅，生于公元1899年，耿马县孟定地区四方井人，傣族，南传上座部佛教多列派僧侣。1907—1918年，他先后在四方井和景信佛寺为召尚，1919年到罕洪佛寺升为闷长，1921—1927年先后在罕洪、高佛寺升任闷召，1931年在上城完空寺升为闷召龙，随后去缅甸的户板学经1年回国，1944年在沙坝佛寺升作副印长老，后又去缅甸曼德勒朝佛一次。中华人民共和国建立后，英达片雅一直虔诚信佛，热爱祖国。1955年，他被选为中国佛教协会理事，同年前往北京参加“五一”节观礼。1957年，他被选为临沧佛教协会副会长，1960年又被选为耿马县政治协商会议副主席。同年圆寂。

（六）朗德哥

朗德哥，生于公元1889年，耿马县甘东寨人，傣族，南传上座部佛教僧侣。他7岁入寺当召尚，1906年升为闷长，1908年升为四长老，1916年由甘东寺转入睡佛寺，4年之后即升任三长老，1929年升任二长老，1940年升任闷召龙。当耿马县最高级长老——印长老圆寂之后，朗德哥即成为全县南传上座部佛教润派领袖，升任副印长老职。1951年，他出席了保山地区各族各界人民代表会议，1953年参加中国佛教协会会议，被选为理事，后被选任省人民代表，1955—1965年任耿马县政协委员及常委。1966年圆寂。

（七）伍并亚·温撒

伍并亚·温撒，德宏傣族景颇族自治州瑞丽县人，傣族，公元1949年在瑞丽县城郊的罕撒佛寺任第五代住持。1958—1982年在缅甸讲经传法。1983 年后，伍并亚·温撒回到瑞丽罕撒佛寺继续担任住持，并历任瑞丽县佛教协会会长、中国佛教协会理事、中国人民政治协商会议全国委员会委员。他回国以后，发扬佛教的优良传统，带领寺僧栽花种树，美化寺院环境，开荒种植蔬菜和瓜果，减轻村民负担，改善僧侣生活。他还尽力贯彻人间佛教思想，为人们办好事，如广体寨失火后，以他为首的罕撒寺众僧即为广体村民送去救援物资。平时伍并亚·温撒又为村民调解争端，教育村民不偷不抢、不酗酒闹事、不吸毒、不赌博，他还将自己积蓄的钱买成药品，无偿送给病人。

罕撒佛寺的环境清幽，随时都有国内外游人香客到此拜佛、参观。1989 年，伍并亚·温撒曾经接待泰国王姐等贵宾，给客人留下了良好的印象。

（八）萨密勐海

萨密勐海，南传上座部佛教现代僧人，云南省西双版纳傣族自治州勐海县人，傣族，生于公元 1913 年。1923 年入佛寺为帕，1925 年受沙弥戒，1933 年受比丘戒，1953 年受具足戒并晋升为祜巴，1961 年晋升为萨密（副僧正长老），并开始担任勐海县城中心佛寺——景龙佛寺的住持长老，1988 年晋升为桑卡拉扎（僧正长老）。中华人民共和国建立后，萨密勐海历任中国人民政治协商会议西双版纳傣族自治州委员会副主席、云南省政协委员、中国佛教协会理事、中国佛教协会云南省分会副会长、西双版纳州佛教协会会长。

（九）伍翰地亚

伍翰地亚，南传上座部佛教现代僧人，云南省德宏傣族景颇族自治州潞西县人，傣族，生于公元 1916 年。1923 年入佛寺为学僧并受沙弥戒，1936 年受比丘戒。1982 年晋升为长老。1981 年起担任潞西县芒市镇菩提寺住持长老。中华人民共和国建立后，伍翰地亚历任德宏州政协常委、潞西县政协常委、中国佛教协会理事、中国佛教协会云南省分会副会长、德宏州佛教协会会长、潞西县佛教协会会长。

（十）伍加凹腊

伍加凹腊，南传上座部佛教现代僧人，云南省德宏傣族景颇族自治州潞西县人，出生年月不详。他10岁起入佛寺为召尚（学僧），12岁受沙弥戒，20岁受比丘戒，40岁受具足戒并晋升为长老。中华人民共和国建立后，伍加凹腊历任德宏州佛教协会理事、中国佛教协会云南省分会副会长。1976年圆寂。

（十一）法英帕雅

法英帕雅，南传上座部佛教现代僧人，临沧地区沧源佤族自治县人，佤族，生于公元1946年。1956年他入沧源县班老佛寺为学僧，1958年受沙弥戒，1966年受比丘戒，1986年受具足戒并同时晋升为长老，担任班老佛寺的住持长老。1980年以后，法英帕雅历任中国佛教协会理事、中国佛教协会云南省分会理事、沧源县政协委员。1991年曾参加云南省南传上座部佛教僧侣参观团赴北京、南京、上海等地参学。

（十二）伍末利亚

伍末利亚，南传上座部佛教现代僧人，云南省德宏傣族景颇族自治州潞西县人，德昂族，出生年月不详。他10岁入佛寺为召尚，12岁受沙弥戒，20岁受比丘戒，40岁受具足戒并晋升为长老，此后多年担任潞西县三台山弄罕寨（德昂族）佛寺住持长老。中华人民共和国建立后，伍末利亚先后担任过中国佛教协会理事、中国佛教协会云南省分会理事。1966年圆寂。

（十三）苏米达

苏米达，南传上座部佛教现代僧人，傣族，耿马傣族佤族自治县人，公元1939年生。1950年他入耿马县孟定区曼抗佛寺当召尚，同年受沙弥戒，1963年受比丘戒，然后担任曼抗佛寺住持比丘，1970年晋升为闷召并担任孟定滚乃佛寺住持长老。苏米达长老历任中国人民政治协商会议云南省第六届委员会委员、耿马县政协常委、中国佛教协会理事和中国佛教协会云南省分会常务理事、副会长等职。

参考文献：

[1] 颜思久：《勐海县佛教调查》、《景洪地区佛教调查》、《耿马县小乘佛教》、《景谷县佛教调查》、《潞西县小乘佛教调查》、《瑞丽县佛教概况》，均载《云南少数民族社会历史调查资料汇编（五）》，云南人民出版社 1991 年版。

[2] 刀述仁：《南传上座部佛教在云南》。

[3] 黄惠焜、颜思久：《勐渤小乘佛教之来源》，载云南省历史研究所编《西双版纳傣族小乘佛教及原始宗教的调查材料》。

[4]《思茅、玉溪、红河傣族社会历史调查》。

[5]《云南少数民族社会历史调查资料汇编（一）》，云南人民出版社 1986 年版。

[6]《论傣族诗歌》，中国民间文学出版社 1981 年版。

[7]《傣族社会历史调查》（西双版纳之三）。

（原载《云南省志·宗教志》，云南人民出版社 1995 年版）

南传上座部佛教传入云南的时间和路线

一、概　说

佛教创立于公元前6世纪至前5世纪的古印度。创始人为悉达多·乔达摩，即佛教徒尊称的释迦牟尼（释迦牟尼意为释迦族的圣人。按南传上座部佛教的说法，他的生卒年代为公元前624年至前544年，或公元前623年至前543年。我国云南省南传上座部佛教徒称他为“果他麻”）。佛教创立迄今已2 500余年，不仅对于亚洲许多国家的社会、思想、文化和艺术等方面都产生深刻的影响，并成为这些国家历史文化的一个组成部分，而且传播到世界各国，形成世界三大宗教①之一。因而探讨佛教的源流及其传播，对于研究世界史、中国史（包括民族史）、哲学史和宗教史都具有重要的意义。

释迦牟尼逝世后一百年左右，众弟子由于对释迦牟尼所传的教理、戒律理解不同，从而产生了分歧，教团组织遂分裂为上座部和大众部。随后这两部又进一步分裂，其中的上座部分成十八部或二十部；大众部又陆续分出若干部，并出现了佛教大乘派。大乘派声称其教旨在于“普度众生”，把主张“自度”（即自我解脱）的原始佛教和部派佛教贬称作小乘（“乘”本意为运载，“小乘”意即只能运载少数人至“苦海”之彼岸）。小乘派则声称自己始终坚持佛陀之教义，称上座部。新中国成立后，大乘（汉传佛教）和小乘（南传上座部佛教）两派逐渐摒除陈见，彼此能团结合作。

① 三大宗教指佛教、基督教和伊斯兰教。

远在印度阿育王时期（约公元前273年—前232年），为了巩固奴隶制国家的统治秩序，阿育王对各种宗教实行保护政策，特别是对佛教大力扶持，使之居于国教的地位，并在这段时期派出众多佛教长老到印度各地和印度邻国弘扬佛教。

印度佛教传入我国，经南北两条路线。北传佛教经中亚一带传至我国中原地区，正当东汉时期，汉永平十年（公元67年），孝明帝遣使吕蔡愔等往西域取回佛经，同来者还有迦叶摩腾、竺法兰等僧人。永平十一年（公元68年）建白马寺于洛阳，供奉经卷。随后又有大批经书被译成汉文在全国传播。隋唐时期，佛教还与儒、道教结合，形成我国佛教的繁盛时期。北传佛教在初期既有汉传佛教也有南传上座部佛教，但后来由于汉传佛教更能适应当时我国内地封建政治经济制度的需要，为统治者大力提倡和支持，因而得到广泛的发展，北传的南传上座部佛教却日趋衰落。此后汉传佛教在其发展过程中又分为法相、天台、华严、净土以及禅宗、律宗、密宗等诸宗派，并相继传入日本、朝鲜、越南等亚洲各国。

另一方面原在印度本土南部的南传上座部佛教也积极向南方传播。先传至锡兰（今斯里兰卡），继而至中南半岛并经缅甸先后传到我国云南省西南部边疆的傣、布朗、德昂等民族地区。

二、南传上座部佛教南传时间和路线

本文的主要意旨在于对南传上座部佛教传入云南的时间作一些考证。但因云南的南传上座部佛教既然是从印度经锡兰（今斯里兰卡）、缅甸传入，所以欲知其入滇时间，必须首先考察南传上座部佛教是何时传入上述国家及其邻邦的。如果这个时间能够确定，那么对于该教入滇时间的判断，无疑会有很大的帮助。

南传上座部佛教从印度南传的第一国度为锡兰，这是为各方面的资料所证实的。1964年8月，西双版纳州政协的松领勐混和刀学兴曾经根据小乘经典《列罗》[①] 的记载，讲述了如下的一段："佛祖死后，他的门徒麻亨达厅带着他的骨发，并佛经桑比打戛（按：即小乘三藏经）总计八万四千罕以及他曾经修行于其下的菩提树去到勐兰戛（按：即锡兰）宣扬发法，使那里的所有人民，都信奉了佛教……"[②] 印度阿育王时期（约公元前273年—前232年），在阿育王的大力支持下，由上座部著名长老目犍连（亦简称"目连"）主持，举行了佛教第三次结集。同时派出许多传教士到印度各地及印度周围国家传教。据以锡巴利文撰写的斯里兰卡（锡兰）史书《大王统史》第十二章记载："目犍连子长老为显扬佛教，于结集结束之后……在迦剌迦月（八月），把诸长老派遣到各地。……目犍连长老派大摩哂陀长老与自己的弟子一地臾、郁帝夜、参婆楼、拔陀沙罗诸长老到楞伽岛（按：即锡兰），说：你们应到美丽的楞伽岛去建立美丽的教法。"[③] 另据《印度简史》所述："阿育王……使锡兰信佛教，我们却有充分的证明，这是这位大皇帝的主要成就之一。第一次去锡兰的使节是由摩哂陀率领的，他是皇帝的儿子，曾受戒为僧。摩哂陀……横越般荼国到锡兰。皇家的传教师在锡兰王宫中很受欢迎；锡兰王从阿育王的儿子那里接受了高贵的八正道。第二次使节是由公主桑伽密多罗领导的，她沿着印度东海岸航行而下，她带去了神圣菩提树枝。"[④]

以上史书和经书记载都说明，早在公元前3世纪，南传上座部佛教已经传入锡兰（楞伽岛或勐兰戛）。

释迦牟尼在世时尚无经书，布教全凭口传心记。佛逝以后，约在公元前1世纪，在锡兰的五百比丘将释迦佛生前宣讲的言论，逐段背诵、修正，并用巴利语记录下来，然后总汇成册，即为后世流传的巴利语系小乘三藏经。

南传上座部佛教在锡兰经过一段时期传播之后，接着先传至下缅甸。

---

① 《列罗》意译为佛祖巡游世界。此经书共11册，正藏于缅甸。西双版纳所藏者为《小列罗》，共22册。

② 引自黄惠焜、颜思久等《西双版纳傣族小乘佛教及原始宗教的调查材料》，云南省历史研究所编印，1979年1月，内部发行版，第3页。

③ 引自任继愈主编《中国佛教史》第1卷，中国社会科学出版社1981年版，第72页。

④ 引自潘尼迦《印度简史》，第41页。

对此，学术界有人认为至少在公元2世纪，佛教已经在缅甸开始传播。其依据是在位于缅甸西部的阿恰布岛上，曾经发现有属于公元2世纪的佛龛和佛像，说明当时缅甸已经开始接受佛教。但另一种意见认为佛教传入缅甸，时间还要更晚一些。因在5世纪中，曾经有佛音长老从锡兰带着巴利语三藏经典到了缅甸的金地宣弘佛教，并把佛经陆续传至蒲甘、阿拉干及掸族地区。又据丹·乔·艾·霍尔著《东南亚史》记载："就史据而言，在摩萨（希里克谢特拉或古卑谬）发现的巴利文经典的碎片是属于大约公元500年的时期，在这个时期之前没有印度影响渗入缅甸的痕迹。"① 若再参考与缅甸为邻的东南亚诸国南传上座部佛教的传入时间，情况就更加明朗了。

柬埔寨（古代曾称作"扶南"国）的有关史料曾经记载：公元434年（我国南朝宋元嘉十一年），"先是，有憍陈如者，自天竺来，国人奉以为君，其子孙遂继世为王。时佛法已传入扶南"②。又载：公元484年（齐永明二年），"扶南国王憍陈如阇邪跋摩遣使献于齐。……时扶南佛教已大盛"③。可见柬埔寨的南传上座部佛教是公元5世纪初传入的，至5世纪末叶其佛教已大盛。

越南（古代曾称作"林邑"）的有关史料记载：公元446年（南朝，宋元嘉二十三年），林邑"范阳迈于宋元嘉十二、十五、十六、十八年遣使贡于宋，但仍侵掠宋边不已。是年宋遣将来攻，入国都……又销金佛像，得黄金数十万斤，阳迈父子逃而免"④。销金佛像得黄金数十万斤之说，可能有所夸张，但销毁大批金佛像确有其事。由此可见越南在5世纪中期，佛教已相当发展。

在马来西亚之霹雳地区曾经发现3件南传上座部佛教铜器，其中一件是属于印度笈多王朝时期，即属于公元5世纪的文物。

老挝的下寮占巴塞有一著名的佛教古寺——瓦普寺，是属于公元6世

① 云南省历史研究所印行：《东南亚史》（赵嘉文译），第208页。
② 翦伯赞主编：《中外历史年表》，第209页。
③ 同上书，第222页。
④ 同上书，第212页。

纪时期的遗迹。说明公元6世纪时，佛教初传入老挝。①

7世纪时，泰国华富里之孟族公主占·维特使泰北清迈地区的泰族信奉了南传上座部佛教。②

从上述泰、老、马、越、柬诸国南传上座部佛教传入的时间来看，我们可以得出这样的推断，即南传上座部佛教广泛地流传于缅甸大致是在公元5世纪前后。至于公元2世纪缅甸西部阿恰布岛佛像佛龛的发现，可看作是佛教初传入时的少数遗物。

到了公元7~8世纪的我国唐朝时期，佛教在缅甸已相当盛行。唐贞观十二年（公元638年），缅甸蒲甘王布婆修罗汉令人修历书，后世称为缅历，亦曰小历，暹罗亦曾用之。③ 又据《新唐书·骠国传》记载："王出舆以金绳床，远则乘象。嫔史数百人。青甓为圆城，周百六十里，有十二门，四隅作浮图。……明天文，喜佛法。有百寺，琉璃为甓，错以金银……"一个缅王所在的都城（卑谬），建有12道城门，四隅皆竖佛塔，有寺百座，金碧辉煌，由此可见七八世纪时缅甸佛教盛况的一斑。这对于我们判断南传上座部佛教入滇的时间是一重要的佐证。

三、南传上座部佛教入滇

从已知的各种史料、传说以及有关的事实来看，都足以说明云南边疆地区的南传上座部佛教是从友好邻邦缅甸传入的。但在传入的时间问题上，存在着分歧意见。过去一般有4种说法：有先于中原传入说，有中唐传入说，有12世纪帕雅真入主勐泐（今西双版纳）时传入说，还有15世纪传入说。笔者则认为佛教最早传入云南傣族聚居地区应在公元7世纪的隋末至唐初时期，但其兴盛和发展却在13世纪以后。

上举第一种说法的主要依据是根据傣族民间传说，谓释迦牟尼巡游世

① 《世界宗教资料》1981年第1期，第49页。

② 参见托·菲西蒙斯《泰国的人民、社会和文化》，载中山大学历史系东南亚史研究室编《东南亚问题》第12期《泰国的宗教》。

③ 参见翦伯赞主编《中外历史年表》，第268页。

界时曾经到达西双版纳、德宏等地，从而认为佛教传入云南傣族聚居地区先于中原。考释迦牟尼布教范围，仅限于当时印度国土以内，并未到达云南境。云南南传上座部佛教信徒出于对释迦牟尼的崇拜，把后世僧侣的传教活动附会为佛祖巡游世界，这本是一种神话传说，不能作为事实的根据。

持15世纪传入说的主要依据有三：一是元朝时期意大利人马可·波罗在中国旅游（1275—1292年）所撰的游记记载："金齿无佛像亦无庙宇，惟崇拜其族之元祖……"二是根据元代李京的《云南志略》中对"金齿白夷"的解释："西南之蛮，白夷最盛，北接吐蕃，南抵交趾，风俗大概相同。"从而认为所指的"金齿白夷"即是今德宏、景东、思茅、西双版纳一带的傣族，这些"金齿白夷""无佛像亦无庙宇"，就说明他们在公元13世纪还未信佛。三是根据明代布政使张纮《具足禅院记》所云："西南诸种，曰僰、曰爨、曰獠、曰夷（按：夷即指傣族）……不可悉记，独僰人事佛，余种皆不之信……"从而又认为"在明代初年，除了僰人（即今白族）奉佛（大乘禅宗）外，其他民族都不信佛，傣族自然也是不信佛的"。

方国瑜先生在他所著的《云南史料目录概说》（见249页）中说："马可·波罗此行从大都出发，经涿州、太原、西安、斜谷、成都、建昌，渡不里郁思河（金沙江），入云南，至押赤（今昆明）乃西行至哈剌章城（今大理），经金齿（今保山）入缅。"方国瑜先生的考证是确切的。笔者认为马可·波罗所经过的"金齿"地区，实际上只不过是今保山、腾冲及德宏部分地区，并非包括思茅、西双版纳一带。故马可·波罗所述及的"金齿"情况，就不能概括所有傣族聚居地区。根据现有材料来看，南传上座部佛教传入德宏地区的时间大致在13世纪晚期，这个时间确实要比传入西双版纳的时间晚得多。其之所以晚的原因有3点：第一，在11世纪蒲甘王朝统一缅甸以前，缅甸实为许多分散的小王国统治。但自阿奴律陀统一缅甸以后，他大力倡导佛教，并把它定为国教。此后，南传上座部佛教才在靠近我国德宏的缅甸东北部传播开来。据哈威《缅甸史》载："有僧人阿罗汉（Shin Arahan）者，本直通婆罗门之子，于1056年至蒲甘。彼为佛教南宗（小乘）都罗婆陀（Theravada）派之弟子，具有赤忱，欲使上缅甸崇拜异教之地，改奉佛教。彼隐居于蒲甘附近之林野间……”①可见到了公元1056年，上缅甸还崇拜异教，不奉佛教。第二，缅甸东北一带崇山峻岭，绵延不断，在近代以前交通极为不便，且民族复杂，故佛教传入该地区比传入南掸邦一带为晚。第三，资料表明，南传上座部佛教首先是传入缅甸南部，然后向中部、向南掸邦一带进展。掸邦首府为东枝，东枝比较靠近缅之景栋和我国西双版纳地区，故南传上座部佛教后来就首先从景栋传入西双版纳。

又据德宏州瑞丽县姐勒寨所藏经书的记载，姐勒塔建造迄今约有700年历史，即该塔约建于公元13世纪晚期。因此，马可·波罗所记“金齿”（今保山一带）地区，在13世纪尚“无佛像亦无庙宇”之说，在部分地区可能属实。但在德宏靠边地区已开始有佛教传入了，至于在车里（今西双版纳）方面的情况却又大不相同。

缅甸与我国云南之西南部边疆山水相连，两国边民彼此往来，历史悠久。特别是我国西双版纳傣族与缅掸邦的掸族，在语言习俗诸方面都大体相同，经济、文化、宗教的交流较为频繁。如前所述，南传上座部佛教既然已于公元5世纪左右流传于缅甸南部，因而7世纪以后南传上座部佛教就逐渐传入我国西双版纳地区乃是顺理成章的事。

但由于过去记录西双版纳古代情况的汉文资料甚缺或极其简略，故欲了解该地南传上座部佛教的传入情况和时间，主要靠傣文记载和今后的考古发掘资料。据查，西双版纳有一本经书名叫《尼板纳素》，是用缅纸写成，其中一段记载着关于景洪袜坝姐的事（按：“袜”为寺，“坝”为森林，“袜坝姐”意为森林里的佛寺），可惜此经书中无此佛寺的年代记载。袜坝姐遗址在景洪县曼厅寨边。解放初尚存两根挂大鼓的木桩，据民间传说这是景洪地区最古老的佛寺。②

但据20世纪50年代尚存于勐混总佛寺内的《佛陀之教史话》（傣语《旦南布塔沙萨那》）中记载：佛教自缅甸孟族地区传入西双版纳，建立这里的第一所佛寺——袜坝姐（Wabuajie）时为祖腊历纪元前二十三年（即

① G. E. 哈威：《缅甸史》，商务印书馆1957年版，第60页。

② 颜思久：《西双版纳景洪地区的小乘佛教》，载云南宗教研究所编《宗教调查与研究》1986年第1期，第410页。

公元615年，隋朝末年）。

勐海县佛教协会的康朗庄介绍说："勐海大佛寺的大殿柱上有该寺的建造年代。此佛寺从祖腊历十三年（公元651年）开始动工，因此勐海大佛寺建造至今已有1315年的历史（中间又经若干次修建）。曼拉闷佛寺与勐海大佛寺是同年建成的。"刀永明又告诉笔者，说他亲自见到曼拉闷佛寺（坐落在勐海城边）内靠后的第二棵厅柱上贴有一百片金箔。这些金箔是一个名叫"南麻达纳干宰"的人捐献的，其目的是祈求"帕拉阿尼松"佛拯救自己。此外，柱上还用傣文记载说："尼板纳巴宰约，混独婼尼战，三十三年"（按："尼板"即是死去，"纳巴宰约"即是平安直到生命完结，"混独婼"即是为止，"尼战"即是真正）。全句连贯起来的意思就是"祈求能真正得到佛祖保佑，直到死为止。三十三年"。傣历三十三年即是公元671年，正值唐代初叶。康朗庄和刀永明所述的情况，后来在省佛协刀述仁那里得到了证实。

又勐海土司府所收藏的《地方大事记》手抄本中有这样一段记载："我勐海总佛寺于祖腊历三十三年完工，举行隆重的开光法会时，将到景洪敬请……总佛寺大僧正长老亲自前来主持法会。同年，勐海城子佛寺亦在达谢海（Dahehai）建成。祖腊历七十五年（公元713年），达谢海寺迁至靠近城边的新寺（'瓦迈'Wamai，在今县委会所在地），因同一城有两所佛寺，僧侣和信众常有争执，于祖腊历一一三年（约公元771年）撤销新寺，合并到总佛寺来……在蒲甘王朝的劫掠战争中，总佛寺被毁。祖腊历三七五年（约公元1013年），全勐民众齐心合力，在原址重建砖木结构的瓦顶佛寺，扩大了范围，建立了布萨堂、两所藏经亭、两所鼓房、两院僧舍，随后又修建了两座寺塔。"①

此外，据松领勐混和刀学兴根据佛经《列罗》所载情况介绍说："召苏扎多"将"引达叭"升为佛爷，并对他说，佛教在我们景迈已经得到发展，应该让景栋人也懂得佛教。乃率"引达叭"携佛经《桑比打戛》去景栋传教，又去景列建佛寺，升和尚。事毕，"召苏扎多"回景迈，"引达叭"留景栋，于是景迈、景栋、景列人彼此往还升和尚，拜佛，四时不

① 刀述仁：《南传上座部佛教在云南》。

绝。以后有“召帕有”者，领其子 7 人来景栋当召勐（即一地区的土司）……傣历八十六年（公元 724 年），“召帕有”派佛爷“西维苏坦麻书那”自景栋来景洪宣扬佛法。经过佛祖和他的门徒反复宣扬，佛教在西双版纳大大发展……①上面由松领勐混、刀学兴所讲述的佛教传入西双版纳的时间——公元 724 年，比勐海县曼拉闷寺内柱上记载的年代——公元 671 年只差 53 年。由此可见，南传上座部佛教由缅甸最初传入西双版纳大致在公元 7 世纪初的隋末唐初时期。

到了 12 世纪后期（公元 1180 年），帕雅真入主勐泐（西双版纳）号称“至尊佛祖”，这是有史实可考的。②及至祖腊历九三一年（公元 1569 年），“缅王以公主娘呵罕（按：即婻巴杜麻波罕）妻宣慰使（按：即西双版纳召片领刀应勐）称金莲王后……祖腊历九三二年（公元 1570 年）庚午，金莲后生一子，取名刀韫猛，后并主建大佛寺一所……名金莲寺（按：傣语称‘袜波罕’）”③，此后佛教在西双版纳进入大发展时期。

南传上座部佛教传入临沧地区又比传入德宏的时间为晚。耿马是佛教进入临沧地区的第一个县。该县的历史资料表明，在傣历八二五年（公元 1473 年，明成化九年），南传上座部佛教由缅甸掸邦的勐艮（今景栋）地区传入耿马，当时正值耿马土司罕边法在位。据说有忙雨寨百姓波岩望等 4 人往勐艮经商，因参与赌博，悉将银钱输光。4 人闲游至勐坑一缅寺，听得诵经之声抑扬幽婉，乃访该寺长老，长老告以佛事诸多好处。波岩望等即向长老求得佛像一尊，并由英达、转达二位佛爷护送至耿马。土司见之甚喜，乃于傣历八三五年（公元 1473 年）建寺于东门之半满燕。事隔 8 年，佛教又传播到耿马的勐角懂、勐撒、孟定等地。④至傣历九一〇年（公元 1548 年，明嘉靖二十七年），土司罕庆法时建盖景戈大佛寺（汉译称蛙佛寺）以及袜广、袜蝶、袜允相、袜回坎等佛寺。至土司罕朝瑗以后

① 黄惠焜、颜思久等:《西双版纳傣族小乘佛教及原始宗教的调查材料》，云南省历史研究所编印，1979 年内部发行。

② 《泐史》。

③ 同上。

④ 颜思久:《临沧地区耿马县小乘佛教概况》，载云南宗教研究所编《宗教调查与研究》1986 年第 1 期，第 440 页。

又建盖袜坎（睡佛寺）、袜墨（小街佛寺）、袜勒（甘东寺）、袜楞（官佛寺）、袜东户（野佛寺）、袜吾（观音阁）等寺，于是南传上座部佛教就在耿马全县的傣、佤、布朗、德昂等民族地区传布开来。接着沧源县的傣族、佤族等也接受了南传上座部佛教。至清末民初，南传上座部佛教在临沧地区发展到鼎盛时期。

南传上座部佛教传入靠近内地的景谷县傣族聚居地区，约在明末清初。有据可考的是坐落在景谷城郊的大寨佛寺（又称“官缅寺”）建造年代的记载。据《威远厅志》所记：“大缅寺在威城（按：即威远城——今之景谷县城）北门外，寺内有缅僧百余人，皆剃发，用黄布裹身，名缅和尚。寺中有塔二座高三丈余，昔土官刀汉臣所建（按：刀汉臣在清朝顺治初年——公元1644年为景谷土司）。”可知景谷早期的寺、塔已有340余年历史，南传上座部佛教传入景谷也就在这段时期。

综上所述，可知南传上座部佛教传入云南西双版纳最早在公元7世纪的隋末唐初时期，16世纪以后获得了大发展；传入德宏地区是在13世纪晚期，传入临沧是15世纪晚期，传入景谷已是17世纪中期。

（原载《西南民族学院学报》1987年第3期）

图书在版编目（CIP）数据

颜思久学术文选 / 颜思久著．—昆明：云南大学出版社，2014（2015 重印）
（云南文库·学术名家文丛）
ISBN 978 - 7 - 5482 - 1755 - 8

Ⅰ.①颜…　Ⅱ.①颜…　Ⅲ.①布朗族—民族历史—中国—文集②布朗族—民族文化—中国—文集　Ⅳ.①K286.1 - 53

中国版本图书馆 CIP 数据核字（2013）第 288345 号

出 品 人：周永坤
统筹编辑：柴　伟　陈　曦
责任编辑：蒋丽杰
责任校对：和六花
封面设计：郑　治

书　名	颜思久学术文选
作　者	颜思久　著
出　版	云南大学出版社　云南人民出版社
发　行	云南大学出版社　云南人民出版社
社　址	昆明市翠湖北路 2 号云南大学英华园内
邮　编	650091
网　址	www.ynup.com
E-mail	market@ynup.com
开　本	787mm × 1092mm　1/16
印　张	10.5
字　数	167 千
版　次	2014 年 3 月第 1 版　2015 年 8 月第 2 次印刷
印　刷	昆明卓林包装印刷有限公司
书　号	ISBN 978 - 7 - 5482 - 1755 - 8
定　价	32.00 元